本书得到以下基金项目支持
山东省社会科学规划研究重点项目“循环经济视角下山东半岛城市群绿色创新系统研究”（编号：20BJJJ06）

山东半岛城市群绿色创新与发展研究

慈福义　著

中国财经出版传媒集团
中国财政经济出版社

图书在版编目（CIP）数据

山东半岛城市群绿色创新与发展研究 / 慈福义著
. -- 北京：中国财政经济出版社，2021.11
ISBN 978-7-5223-0839-5

Ⅰ.①山… Ⅱ.①慈… Ⅲ.①城市群-绿色经济-发展-研究-山东 Ⅳ.①F299.275.2

中国版本图书馆 CIP 数据核字（2021）第 206840 号

责任编辑：潘 飞　　责任印制：史大鹏
封面设计：卜建辰　　责任校对：胡永立

中国财政经济出版社 出版

URL：http：//www.cfeph.cn
E-mail：cfeph@cfeph.cn

社址：北京市海淀区阜成路甲 28 号　邮政编码：100142
营销中心电话：010-88191522
天猫网店：中国财政经济出版社旗舰店
网址：https：//zgczjjcbs.tmall.com
北京财经印刷厂印刷　各地新华书店经销
成品尺寸：147mm×210mm　32 开　8.375 印张　169 000 字
2021 年 11 月第 1 版　2021 年 11 月北京第 1 次印刷
定价：42.00 元
ISBN 978-7-5223-0839-5
（图书出现印装问题，本社负责调换，电话：010-88190548）
本社质量投诉电话：010-88190744
打击盗版举报热线：010-88191661　QQ：2242791300

目录

Contents

第二篇　山东半岛城市群绿色经济发展研究

附　录　关于区域绿色经济与创新若干问题的研究

第一篇

山东半岛城市群绿色创新系统研究

2019年4月，国家发展改革委、科技部出台《关于构建市场导向的绿色技术创新体系的指导意见》。党的十九届五中全会强调要畅通国内大循环，促进国内国际双循环，构建新发展格局，发挥中心城市和城市群带动作用；推动绿色发展，促进经济社会发展全面绿色转型。2021年2月2日，国务院发布《关于加快建立健全绿色低碳循环发展经济体系的指导意见》，提出"构建市场导向的绿色技术创新体系"。城市群是国家自主创新示范区主要分布地区、自然资源稀缺和生态环境脆弱地区，往往PM2.5超标、空气污染严重。促进城市群自主创新和绿色发展是中国实施"双循环"战略的必由之路。山东半岛城市群作为中国重要的城市群之一，GDP占全省的60%以上，是山东省经济发达地区和黄河流域高质量发展的增长极；构建山东半岛城市群绿色创新系统，不仅可以促进山东省城镇化与生态环境耦合协调发展，带动山东省绿色发展，而且对黄河流域高质量发展有较大拉动作用。山东半岛城市群绿色创新系统建设时间较短、不健全，绿色创新资源欠缺，创新组织绿色化水平不高，绿色创新环境不完善如缺乏专门和系统的绿色技术创新扶持政策，对创新组织在交互过程中消耗物质、能量的减量化、再利用和再循环、破坏生态环境的再修复以及静脉产业创新重视不够，城市之间绿色协同创新不足、绿色创新水平差距较大；对外开放度高，国外创新资源和创新组织扮演重要角色，关键核心绿色技术受限，经济安全风险大，实施“双循环”战略紧迫性强。因此，研究山东半岛城市群绿色创新系统具有重要意义。

第一章 城市群绿色创新系统相关研究述评

全球生态环境危机要求人类发展模式向绿色发展模式转型，绿色创新（环境创新、生态创新、可持续创新）是绿色发展的根本动力。1994 年，Green K、Mcmeekin A 和 Irwin A 在论文 *Technological Trajectories and R&D for Environmental Innovation* 中最早提出“环境创新”概念。2002 年，Oughton C 率先研究区域绿色创新系统的概念和特征。随后，学术界对城市与区域绿色创新系统概念和特征、基于循环经济的区域创新系统概念和特征、区域低碳创新系统概念和特征进行研究，强调城市与区域价值流与循环、低碳和绿色知识流、技术流协调，但对创新过程中物质、能量循环以及遵循广义循环经济（含碳循环）原则如“6R”（再思考、减量化、再利用、再循环、再修复、再重组）原则和公平原则研究不足。鲜有专门研究城市群绿色创新系统概念和特征的成果，需要进一步补充完善。

城市群绿色创新系统研究起步于 21 世纪 10 年代，时间短、成果较少。因此，本书不进行研究阶段划分，而是根据研究需要，主要从四个研究领域分别进行研究述评。

第一节 城市群绿色创新系统演化机理和模式研究

2008 年，陆小成率先对区域低碳创新系统运行机理进行研究，随后，学术界对城市与区域循环、低碳和绿色创新机理进行研究，主要是少数国内学者对城市群绿色创新系统演化机理进行研究。利用计量经济模型研究长江中游城市群、长三角城市群和京津冀城市群绿色创新效率影响因素，证明城市信息化程度、城市文化水平、产业结构、交通通达程度、政府扶持、经济基础、产业转型、对外开放水平、子系统有序度差异、区域协同度差异和城市群创新网络是重要的影响因素。利用系统动力学模型，以长株潭城市群产业生态创新系统为例，证明纯粹增加企业与中介服务机构合作力度并不一定能增加绿色创新专利数量。

以上成果采用计量经济学研究方法，进行案例研究，忽视溯因推理、回溯推理等演化经济学研究方法，对城市之间循环、低碳和绿色知识、技术相互作用、闭环型创新链环节分工与合作以及遵循广义循环经济原则研究不足，缺乏城市群绿色创新系统模式研究成果。

第二节 城市群绿色创新系统评价研究

2007 年，苗红等对区域技术创新生态系统健康水平进行评价，随后，学术界对城市与区域循环、低碳和绿色创新的能力、效率、网络、协同度、生产率和成熟度等评价进行研究，主要是少数国内学者对城市群绿色创新系统评价进行研究。构建包括社会发展、环境压力、产业经济和可持续发展子系统的指标体系，采用模糊综合评价模型，评价长株潭城市群产业生态创新系统健康水平。构建包括反映环境和创新水平的指标体系，通过引力模型得出城市绿色创新联系强度，运用社会网络分析法研究长三角城市群绿色创新网络结构。构建包括工业创新投入、绿色发展投入、工业创新产出和绿色发展非期望产出的指标体系，运用 Super - SBM 和 GML 模型，探讨长三角城市群绿色创新效率、格局和空间关联特征。

以上成果在构建评价指标体系基础上，采用计量经济学研究方法，从不同视角进行案例研究。对公平指标，循环经济特征指标，循环、低碳和绿色创新文化、创新制度指标研究不足。

第三节 城市群绿色创新系统空间结构研究

学术界率先探讨微观区域绿色创新系统空间结构如生态工业园布局和“三区联动”区域生态创新网络。较大区域的绿色创新系统空间结构研究起步晚，主要包括区域绿色创新效率空间结构、区域绿色创新空间格局、区域绿色创新能力空间结构、区域绿色创新系统协调发展水平空间结构、区域绿色创新绩效空间结构。

陆小成以武汉城市圈为例，提出城市圈低碳创新系统需要从产业、区域、跨区域层面进行空间布局；彭文斌等对中国城市绿色创新空间格局及其影响因素进行研究。以上成果忽视城市之间闭环型创新链环节分工与合作以及遵循广义循环经济原则。

第四节 城市群绿色创新系统优化对策研究

2008 年，姜东明对基于循环经济的区域创新系统优化对策进行研究，随后，学术界对城市与区域循环、低碳和绿色创新对策进行研究，主要是少数国内学者对城市群绿色创新系统优化对策进行研究。提出构建武汉城市圈低碳创新系统须加强产业层面低碳技术创新空间关联、区域层面低碳知识创新空间关联和跨区域层面低碳文化创新空间关联。京津冀绿色创新系统优化对策包括以经济政策、创新政策与环境政策融合促进经济结构转型升级和绿色创新系统内部高效协作、加强京津冀之间绿色创新要素合作、完善区域循环产业协同创新的制度环境、引导区域循环产业实现开放式协同创新和集聚发展；长株潭城市群产业生态创新系统优化对策包括加强区域产业生态技术创新及其基础能力建设、拓宽资金渠道、打造高端人才服务平台，国家级城市群绿色创新对策包括政府重视城市群自主创新能力培养、规避“伪创新”现象、破除地区之间利益藩篱和政策壁垒、推进绿色专利与绿色生产率同步提升。以上成果从低碳、循环和绿色经济视角对城市群绿色创新系统的能力和效率提升对策进行案例研究，对促进城市群绿色创新的公平和空间结构优化、城市之间绿色协同创新的对策以及遵循广义循环经济原则研究不足。

综上可知，学术界已取得较丰富的城市群绿色创新系统相关研究成果，为城市群绿色创新系统研究奠定良好基础，但仍存在需要深入探讨的方面：第一，城市群绿色创新系统研究起步晚，国外研究成果少，主要是少数国内学者进行案例研究，理论研究较薄弱，强调知识和技术绿色化，但对创新过程中物质、能量循环以及遵循广义循环经济原则研究不足。同时，忽视溯因推理、回溯推理等演化经济学研究方法。第二，对城市之间循环、低碳和绿色知识、技术相互作用、闭环型创新链环节分工与合作研究不足，缺乏对山东半岛城市群绿色创新系统演化机理、模式和空间结构的研究。第三，对公平指标，循环经济特征指标，循环、低碳和绿色创新文化，创新制度指标以及促进城市群绿色创新的公平和空间结构优化、城市之间绿色协同创新的对策研究不足，缺乏对山东半岛城市群绿色创新系统优化对策的研究；缺乏“双循环”战略对城市群绿色创新系统的影响研究。因此，在“双循环”战略背景下，研究山东半岛城市群绿色创新系统迫在眉睫。

第二章　城市群绿色创新系统的概念和特征研究

第一节　城市群绿色创新系统的概念

广义循环经济指经济与社会、自然之间的大循环（含碳循环），遵循“6R”（再思考、减量化、再利用、再循环、再修复、再重组）原则、区域公平原则和代际公平原则，即现代绿色经济。

参考城市与区域绿色创新系统概念相关研究成果，根据循环、低碳和绿色发展理论，城市群绿色创新系统指将自然资源（含生态系统服务和废弃物吸收能力）与“废物”（含 CO_2）作为重要创新资源，遵循“6R”原则、城市之间公平原则、城乡公平原则和代际公平原则，在城市群范围内，突破城市界限，政府、高等院校和研究机构、企业、消费者、中介服务机构等之间交互作用与协同创新，物质流、能量流、知识流、技术流、价值流协调运行，形成循环型（含碳循环）创新网络，并与城市群循环型创新环境之间进行物质和能量循环、协同演化，形成的以循环型知识、循环型技术、循环型产品和循环型服务为主要创新产出，城市之间闭环型创新链环节合理分工与合作，以实现城市群循环、低碳和绿色发展为目的的创新系统。

第二节　城市群绿色创新系统的基本特征

一、自然资源（含生态系统服务与废弃物吸收能力）和“废物”是城市群绿色创新系统的重要创新资源

传统城市群创新系统忽视自然资源和“废物”在创新过程中的价值，导致城市群创新过程中的自然资源浪费与生态环境破坏。根据循环、低碳和绿色经济理论，“废物”如 PM2.5 成为静脉产业知识创造与技术研发消耗的资源和产品。要重视城市群创新过程包括静脉产业知识创造和技术研发过程中、技术产业化过程中与产品消费后等产生的废物的再利用、再循环；知识创造、技术研发和技术产业化等创新活动消耗生态环境容量，废弃物吸收能力和生态系统服务等自然资源是城市群绿色创新系统的重要创新资源。在创新过程中消耗的自然资源和“废物”应根据现代绿色市场经济的要求，在城市群中的城市之间合理流动。

二、城市群绿色创新系统构建必须遵循“6R”原则、城市之间公平原则、城乡公平原则和代际公平原则

（一）根据广义循环经济理论，城市群绿色创新系统必须遵循“6R”原则

例如，城市群创新基础设施的节约利用和维修、城市之间的创新基础设施共享、城市群创新基础设施消费后产生废物的再利用和再循环以及创新基础设施建设过程中破坏的生态环境的再修复，废物再利用和再循环导致的城市之间创新链和城市群创新系统空间结构的再重组；技术开发机构、中试基地、科技服务机构等使用的资源和实验室、图书、实验用品等资源的节约利用、共享和修复，消费后产生的废物再利用和再循环及其导致的城市之间创新链和城市群创新系统空间结构的再重组，技术研发及其产业化过程中破坏的生态环境的再修复。

（二）构建城市群绿色创新系统的根本目的是通过促进城市群低碳、循环与绿色发展，实现城市群经济、社会与生态效益的最优化

根据城市群可持续发展理论，城市群绿色创新系统必须遵循城市之间公平原则、城乡公平原则和代际公平原则，如扶持城市群中欠发达城市和乡村绿色创新系统发展。

三、城市群绿色创新系统包括静脉产业与生态化的动脉产业，绿色产业在城市之间的分工合作

城市群绿色创新系统强调动脉产业的生态化即物质流和能

量流减量化，以节约自然资源，减少有毒、有害物质使用和废物的产生以及促进产品消费后产生废物的再利用、再循环；企业、政府、高等院校和研究机构、消费者、中介服务机构等在交互作用和协同创新中产生的废物，如在组建城市群技术转移联盟过程中产生的废物、城市之间创新资源流动过程中产生的废物和实验室产生的废物的再生资源化，图书、实验用品等创新资源与创新产品消费后产生废物的再利用、再循环。同时，突破行政区划限制，实现城市之间绿色产业合理布局是城市群绿色创新系统的主要特征之一。

四、高科技创新带和生态产业带是城市群绿色创新系统的主要空间载体

传统观点认为，高科技创新带（如高新技术产业开发区、经济技术开发区跨越城市界限沿交通线连接成带状）是城市群创新系统的主要空间载体，没有将生态产业带纳入城市群创新系统。根据绿色经济发展要求，高科技创新带必须遵循低碳经济、循环经济和绿色经济基本原则向区域绿色创新系统转型，将是城市群绿色创新系统的重要空间载体。传统生态产业带强调生态产业跨越城市界限沿交通线成带状发展，忽视产业带企业、政府、高等院校和研究机构、消费者、中介服务机构等之间交互作用与协同创新和绿色创新环境建设，不利于绿色技术创新与生态产业带发展，必须依托生态产业带构建区域创新系统，生态产业带将成为城市群绿色创新系统的重要空间载体。

五、循环型知识、循环型技术、循环型产品和循环型服务是城市群绿色创新系统的主要创新产出

循环型知识和循环型技术既是城市群绿色创新系统的创新资源，又是创新产出。为实现城市群创新效益最优化，循环型知识和循环型技术要根据现代绿色市场经济的要求，在城市群中的城市之间合理流动；循环型产品和循环型服务的创新链在城市之间合理布局。

第三章　山东半岛城市群绿色创新系统演化机理研究

山东半岛城市群位于山东省东部环渤海地区，占据山东省绝大部分海岸线，北接京津冀地区，东与韩国、日本隔海相望，南邻长江三角洲城市群，西引黄河流域入海口，地理位置优越；面积约为7.304万平方千米，约占山东省总面积的46.6%；金属、煤炭、矿盐等自然资源丰富，具有丰富的海洋资源，海洋经济发展优势突出；人口约占山东省总人口的43%，城镇化水平较高，是山东省经济基础最好、发展潜力最大、发展质量最高的增长极区域，是我国东部沿海地区对外开放的重要窗口。

第一节　山东半岛城市群的范围界定

一、行政视角下山东半岛城市群的范围界定

2007年，《山东半岛城市群总体规划（2006—2020年）》将山东半岛城市群的范围界定为青岛、济南、淄博、烟台、东营、

日照、潍坊和威海8个城市。其后，山东省分别提出覆盖13个城市的《山东省新型城镇化规划（2014—2020年）》与17个城市的《山东半岛城市群总体规划（2016—2030年）》。

国务院对《山东半岛城市群总体规划（2016—2030年）》未批复，覆盖全省的山东半岛城市群范围未获国家认可。

二、学术视角下山东半岛城市群的范围界定

2013年以前，学术界对山东半岛城市群的范围界定为8个城市。自2013年起，对山东半岛城市群的范围界定出现争议。例如，方创琳将泰安、莱芜、滨州、德州、聊城5个城市纳入山东半岛城市群范围；汪阳红、贾若祥将泰安、莱芜、滨州纳入山东半岛城市群范围。

以“山东半岛城市群”“中国城市群”为关键词，搜索2013—2016年中国知网SSCI/CSSCI/SCI/EI/中文核心期刊相关文章以及2017—2019年中国知网文献，结果表明以8个城市为覆盖范围的文献超过85%。同时，为保证纵向研究的可比性，选取青岛、济南、淄博、烟台、东营、日照、潍坊和威海8个城市作为山东半岛城市群的范围。

第二节　山东半岛城市群绿色创新系统演化机理

一、城市群绿色创新资源

创新资源是从事创新活动所利用的各种物质、精神财富的

总称，包括实体性创新资源、体制性创新资源。实体性创新资源主要包括创新人力资源、创新财力资源、创新物力资源和创新信息资源；体制性创新资源主要包括发展政策和制度安排等。

城市群创新系统理论强调创新物力资源的作用，但忽视城市群创新系统中的自然资源（含生态系统服务、废弃物吸收能力）消耗和“废物”价值，不利于城市群的可持续发展。绿色知识创造和技术研发、绿色技术产业化等绿色创新链环节同样消耗土地资源、水资源、矿产资源、能源等自然资源。在绿色知识创造与技术研发、绿色技术产业化过程中产生的废水、固体废物、废气对生态环境的破坏，创新产品与服务消费后等产生的废物对生态环境的破坏消耗生态系统服务与废弃物吸收能力。在自然资源日益稀缺的背景下，废物如 PM2.5 成为绿色知识创造与技术研发、绿色技术产业化等绿色创新链环节消耗的资源、产品，如珠海格力电器股份有限公司正在研究 PM2.5 循环利用技术。因此，应将自然资源与“废物”（CO_2等）作为城市群绿色创新资源。

根据循环、低碳和绿色发展理论，城市群绿色创新资源包括绿色创新人力资源、绿色创新信息资源、绿色创新资金、绿色创新自然资源和“废物”、绿色创新制度等。绿色创新人力资源指从事绿色创新活动的工作人员；绿色创新信息资源指绿色创新活动需要的图书、科技文献、专利、期刊和其他科技服务信息等；绿色创新资金指从事绿色创新活动需要的资金；绿色创新自然资源和“废物”指从事绿色创新活动需要消耗的自然资源和“废物”如 PM2.5；绿色创新制度指促进绿色创新的法律、政策等制度。根据循环、低碳和绿色发展理论，城市群绿色创新系统重视绿色创新自然资源消耗的减量化，创新过程如技术研发过程中产生废物的再利用、再循环，实验用品、创新产品和服务消费后产生废物的再利用、再循环，创新破坏的生态系统的再修复。

与清华大学卢强教授合作建设的山东省鲁电电气集团院士工作站是中国第一家以电力节能为研究课题的院士工作站，促进济南高新技术产业开发区的山东鲁电电气集团有限公司的电力自动化与信息化、电力节能装置生产、能效管理等的发展。山东鲁电电气集团有限公司已经成为中国技术领先的电气设备及配套产品与电力系统节能解决方案供应商。

青岛新天地静脉产业园创建山东省固体废物信息交换中心，在中国率先实现废旧家电与固体废物回收处置全程管理信息化，促进青岛新天地静脉产业园的静脉产业技术创新。

烟台经济技术开发区提供初期规模5 000万元的创业引导基金，以风投、创投方式撬动资金，扶持新光电、生物医药、新材料产业等生态型动脉产业创新；2009年，烟台绿环再生资源股份有限公司成为山东省再生资源利用示范企业，获山东省和烟台市政府扶持资金130万元；2014年8月，烟台资源再生加工示范区通过国家级综合验收，成为国家级“城市矿产”示范基地，获中央财政扶持资金1.5亿元。日照经济技术开发区积极争取政府资金支持，引导企业进行自主研发与技术革新，如抓住节能减排、国家扶持水利建设等政策机遇，创建国家级低碳工业示范园区和国家级循环化改造示范园区，获扶持资金

1.03 亿元；2013 年，山东洁晶集团股份有限公司的高档海藻酸钠印染助剂产品开发及研制产业化项目获山东省自主创新专项计划扶持资金 1 500 万元。

2012 年，青岛新天地静脉产业园完成报废汽车壳体破碎技术攻关，形成“报废汽车资源化利用技术研发—绿色回收—精细化拆解—区域集中破碎—深加工增值—环保处置”创新链。山东半岛城市群的高新技术产业开发区加入山东省大型科学仪器设备共享网，有利于创新自然资源的减量化。

潍坊滨海经济技术开发区制定土地优惠政策，吸引研究机构和高等院校。2012 年，土地政策规定科研、教育项目用地价格为每亩 3 万元，低于其他产业用地价格；自 2017 年 8 月起，潍坊滨海经济技术开发区每年最少安排 1 000 万元科技专项资金，支持企业科技创新和成果转化，促进潍坊滨海经济技术开发区绿色创新。青岛高新技术产业开发区主动对接青岛市生态环境局高新区分局，加强环保税征管，倒逼企业绿色创新。2020 年，制定《委托社会环境监测管理规定》和《环境监测质量管理工作规定》，确保环境监测数据和信息的准确、可靠。

以上案例表明，绿色创新人力资源、绿色创新信息资源、绿色创新资金、绿色创新自然资源和“废物”、绿色创新制度等在山东半岛城市群绿色创新中具有重要作用。

二、城市群动态比较绿色创新优势

根据绿色发展理论、比较优势理论与城市群创新系统理论，绿色创新资源的城市差异和集聚绿色创新是影响城市群绿色创新能力差异的基本因素。因此，产生城市群比较绿色创新优势。根据演化经济学理论和绿色发展理论，为追求长期利益、发展绿色生产力，应根据城市群动态比较绿色创新优势，确定城市群绿色创新系统发展方向，不断提高城市群绿色技术的水平和绿色创新系统的层级。

青岛高新技术产业开发区利用中国海洋大学等高等院校和研究机构的海洋科学和技术人才优势，发展绿色海洋科技产业；利用中国科学院青岛生物能源与过程研究所等高等院校和研究机构的新能源人才优势，发展新能源产业。

烟台经济技术开发区在发展电子信息产业、机械工业、新材料产业、新光电产业、生物医药产业等产业的基础上，依托国家和烟台市政府的扶持，开展相关静脉产业创新，构建循环型产业链网，大幅度提高开发区的生态效益。2014 年 8 月，烟台资源再生加工示范区通过国家验收，成为国家“城市矿产”示范基地；烟台中祈环保科技有限公司、鑫广绿环再生资源股份有限公司获国家第二批废弃电器电子产品回收处理基金补贴和国家废弃电器电子产品处理资质。目前，已形成废钢铁、废有色金属、废家电、废热、废渣、海洋生物废物、废塑料等废物再循环利用产业链。

三、城市群绿色合作网络

根据城市群创新系统理论，企业、研究机构、高等院校、政府、消费者、中介服务机构等构成的合作网络有利于城市群各结点之间交流、学习与协作，促进城市群创新。

循环、低碳和绿色发展理论，城市群创新系统理论的相互作用要求城市群合作网络演变为城市群绿色合作网络，以促进城市群绿色创新。城市群绿色合作网络的形成要求企业、研究机构、高等院校、政府、消费者、中介服务机构等城市群创新主体根据循环、低碳和绿色发展理论转型，演变为绿色创新主体。在创新和相互作用过程中，遵循低碳、循环和绿色发展理论，如制定促进城市群绿色创新的制度，培育绿色市场，提供绿色金融服务，生产绿色知识和技术，重视绿色知识创造、绿色技术研发及其产业化等绿色创新链不同环节消耗自然资源如化石能源的减量化、产生废物的再利用与再循环、破坏生态系统如气候系统的再修复；利用城市群创新主体之间距离成本和交易成本低的优势，打破行政区划限制，促进城市群创新主体之间废物再利用、再循环，积极发展“分解者”企业，将废物如 PM2.5、CO_2作为实验用品，构建城市群闭环型创新链，促进城市群绿色创新。

青岛高新技术产业开发区的青岛格瑞烯金属防护科技有限公司依托山东大学腐蚀电化学专家团队，自主开发无重金属、不须排废除渣的“格瑞希”系列石墨烯金属界膜剂。青岛杰圣博生物科技有限公司与山东省药学科学院合作研发的医用聚乳酸口腔隔离膜具有延长种植体使用寿命、材料安全、降解时间可控的优势，获评“山东生物医学工程学会科学技术奖”一等奖、2020 年“创客中国”生物医药中小企业创新创业大赛三等奖。

青岛畜牧科技示范园与青岛畜牧兽医研究所、青岛农业大学等农业研究机构和高等院校合作，积极推广生猪人工授精、奶牛性控冻精等繁育技术以及中草药养羊、发酵床生态养猪、全混合日粮饲喂等生态饲养技术。

日照经济技术开发区倡导政府实施绿色采购，优先使用环保和节能产品，建成5所绿色学校和1个环境教育基地。山东洁晶集团股份有限公司与中国海洋大学、山东大学、中国科学院海洋研究所等高等院校、研究机构建立合作关系，成为青岛科技大学材料与环境学院、中国海洋大学水产学院董事单位与中国科学院海洋研究所中试合作基地。山东金马工业集团股份有限公司与山东大学合作建立热模煅技术研究中心，获日照市科学技术一等奖、山东省科学技术二等奖和中国机械工业科学技术三等奖。

潍坊滨海经济技术开发区倡导建设绿色学校，如建设地源热泵系统的潍坊职业学院滨海校区成为节能环保型大学校园。各研究机构、院校共享实习设备、课程、师资、网络信息等创新资源。山东理工大学与潍坊联兴新材料科技股份有限公司的合作项目“兰炭干熄及余热利用关键技术与设备开发”达到国际领先水平。山东省海洋化工科学研究院与山东天一化学股份有限公司承担的“卤水资源高效利用及创新产品关键技术研发与产业化”项目通过山东省科技厅验收。山东理工大学与潍坊联兴炭素有限公司合作完成的“罐式煅烧炉高温煅后焦余热利用关键技术研发与应用”项目获山东省科技进步一等奖。

东营高新技术产业开发区的山东永利精工石油装备股份有

限公司与中国石油大学、中国石油集团石油管工程技术研究院、西北工业大学等高等院校和研究机构合作研发新型材料与石油管螺纹，建设数字化车间，达到废水零排放标准。

中国石油大学大学科技园海洋生物工程实验室在养殖尾水处理等方面研究成果丰富，这得益于东营经济技术开发区政府的大力支持。

烟台经济技术开发区的山东省微纳传感技术与智能应用创新创业共同体由明石创新产业技术研究院联合“政产学研金服用”各要素三十多家单位组建，重点开展环保装备、医养健康装备制造业等绿色产业创新。

2016 年，国务院正式批准建设包括青岛、济南、烟台、淄博、威海和潍坊 6 市高新技术产业开发区的山东半岛国家自主创新示范区。山东省政府破除体制机制藩篱，整合山东半岛国家自主创新示范区绿色创新资源，促进山东半岛国家自主创新示范区绿色创新。例如，淄博泰碘新材料公司研发的高效富集碘素新材料产品，市场前景好，但公司缺少发展资金，淄博高新技术产业开发区将该项目引入山东半岛国家自主创新示范区孵化平台，获山东省政府 80 万元的项目资金支持以及山东半岛国家自主创新示范区专家的技术指导和先进仪器设备的服务支持，高效富集碘素新材料技术实现商业化。

以上研究表明，城市群企业、研究机构、高等院校、政府、中介服务机构等打破行政区划限制构成的绿色合作网络有利于各结点之间学习、交流和协作，促进城市群绿色创新。

四、城市群绿色创新环境

根据循环、低碳和绿色发展理论，城市群创新系统理论，城市群创新环境演变为城市群绿色创新环境，城市群绿色创新环境是城市群绿色创新系统的重要组成部分。根据循环、低碳和绿色发展理论，结合城市群创新环境研究成果，城市群绿色创新环境主要包括绿色创新市场环境、绿色创新社会文化环境、绿色创新基础设施环境、绿色创新资源环境、宏观绿色经济环境等。绿色创新资源环境包括绿色创新自然资源和“废物”环境、绿色创新人力资源环境、绿色创新制度环境、绿色创新信息资源环境、绿色创新资金环境等。

烟台经济技术开发区在山东省率先制定《建筑中水工程建设管理（试行）办法》《全面推行清洁生产实施意见》等法规文件；资源再生管理局成立专门工作组，同时实行机关干部包企业制度，并督促企业建立日常环境管理制度。青岛高新技术产业开发区制定生态项目建设政策，对每个项目的产业方向、环境影响和税收等进行评审，综合考虑经济效益、社会效益和生态效益，将资源、能源消耗和环境影响标准作为高新技术产业项目进入开发区的依据；针对开发区土地集约利用、环保、安全和规划的严格要求与国家对特殊产品、设备和工艺的特殊限制，设定一票否决内容。2021 年 4 月，东营经济技术开发区分局组织区内产废企业签订危废合法处置承诺书，倒逼企业绿色发展。

青岛高新技术产业开发区实施生态兴城战略，推进生态工业园和低碳工业园建设。在胶州湾盐滩上建设市北高新产业园，集约利用土地，积极构建开发区绿色能源网。建立垃圾分类收集体系，对有害、有毒垃圾实行严格监管和专业化处理，分类整理与回收利用生活垃圾。改造盐田土壤，增加植被面积，提高开发区绿化率；构建开发区“一环、三廊道、四绿心、多斑块”水系，利用海水建设“咸水湖”。潍坊滨海经济技术开发区积极建设沿海防护堤、实施弥河、白浪河、南一横水系综合改造，加快沿海防护林和滨海生态林建设。与山东省林业科学研究院等研究机构开展合作研究，成功培育龙柏、盐松、竹柳、耐碱杨等耐盐碱植物，形成45万平方米绿化面积。

烟台经济技术开发区提供初期规模5 000万元的创业引导基金，以风投、创投方式撬动资金，扶持新材料、新光电、生物医药产业等生态型动脉产业发展。2009年，烟台绿环再生资源股份有限公司成为山东省再生资源利用示范企业，获山东省、烟台市政府扶持资金130万元。2014年8月，烟台资源再生加工示范区通过国家验收，成为国家级“城市矿产”示范基地，获中央财政扶持资金1.5亿元；烟台中祈环保科技有限公司、鑫广绿环再生资源股份有限公司获国家财政部、原环保部、发展改革委和工信部四部委的第二批废弃电器电子产品回收处理基金补贴。日照经济技术开发区积极争取上级政府资金支持，如抓住国家扶持节能减排、水利建设等政策机遇，争引扶持资金1.03亿元，成功创建国家级循环化改造示范园区、国家级低碳工业示范园区、傅疃河国家级湿地公园；山东洁晶集团股份有限公司高档海藻酸钠印染助剂产品开发及研制产业化项目获山东省自主创新专项计划扶持资金 1 500 万元。

2013 年，烟台经济技术开发区出台科技“奖补新政”，对新进开发区的世界一流、对开发区产业发展有重大影响与能为开发区带来重大经济效益、生态效益和社会效益的创新创业团队给予 1 000 万—2 000 万元的扶持资金，对具有国内顶尖水平、国际先进水平的创新创业团队给予 500 万—1 000 万元扶持资金，对具有国内先进水平的创新创业团队给予 300 万—500 万元扶持资金，积极引进绿色创新人力资源，已逐步形成生物医药、新材料、新光电、先进制造业等生态型动脉产业人才群。

潍坊滨海经济技术开发区加强低碳经济和循环经济理念宣传教育，将低碳经济和循环经济知识纳入公众培训工程，积极宣传开发区在低碳经济和循环经济等方面涌现的先进典型，倡导绿色消费，提高开发区全民的生态环境意识。烟台经济技术开发区充分利用报纸、电视台等平台，通过宣传绿色生活方式、发布环境质量公告等，进行环境保护宣传教育；组织开展向开发区社区、学校等发放宣传资料，赠送绿色消费手册和宣传挂图。青岛高新技术产业开发区组织志愿者 2 000 多人，招募小区与企业生活垃圾分类指导员近 100 人，深入企业、学校、商场、小区，开展垃圾分类相关活动 600 多次，小区入户宣传覆盖率达 100%。2019 年，青岛高新技术产业开发区 16 个小区、4 所幼儿园、4 所学校、40 多家企业和 2 处党政办公区实现垃圾分类全覆盖，小区生活垃圾分类覆盖率达 100%。

烟台经济技术开发区累计投入 400 多亿元建设绿色创新基础设施，如实施生态走廊建设、河岸整治、城市污水处理厂污泥处置工程、污水处理厂提标扩建等工程。2019年，在建设大厦楼顶安装颗粒物激光雷达，监测PM10、PM2.5。潍坊滨海经济技术开发区积极建设二氧化硫与化学需氧量在线监测系统、环境监测站、城镇污水处理厂、危废处理中心、生态工业示范园区综合信息系统和沿海防护堤。

以上案例表明绿色创新制度环境、绿色创新自然资源和“废物”环境、绿色创新资金环境、绿色创新人力资源环境等绿色创新资源环境、绿色创新社会文化环境、绿色创新基础设施环境等在城市群绿色创新中具有重要作用。

五、绿色需求

社会需求拉动机制与经济利益驱动机制是城市群绿色发展的重要动力机制。消费者对城市群绿色创新系统的主要创新产出即绿色知识、绿色技术、绿色产品和绿色服务的需求，拉动绿色企业发展，激励绿色知识创造、绿色技术研发，要求城市群创新组织演变为绿色创新组织如绿色高等院校、绿色研究机构、绿色政府和绿色中介服务机构，促进城市群绿色创新系统发展。在“双循环”战略背景下，城市之间打破行政区划限制，互为市场，城市群绿色市场和国内绿色市场是促进城市群绿色创新系统发展的主要市场。

根据绿色市场需求，烟台经济技术开发区鑫广绿环再生资源股份有限公司将汽车车身下脚料加工成各种汽车零配件，出售给汽车企业，剪切下来的碎铁片被压缩成块状，作为原料运至钢厂返炉。绿环物资有限公司对企业产生的废纸箱、废塑料和废木材等废物进行循环利用，将形成的新产品出售给相关企业。

青岛畜牧科技示范园根据消费者对畜牧业绿色产品的需求，建成青岛泰丰绿色肉鸡生产示范基地、青岛萌展绿色肉羊生产示范基地、新希望集团和青岛奥特绿色牛奶生产示范基地、青岛盛新悦绿色生猪生产示范基地和青岛蓝天伊势绿色蛋鸡产品生产示范基地等绿色无公害畜禽产品生产基地。

潍坊滨海经济技术开发区绿色能源产业园根据低碳市场需求，主要发展光伏太阳能发电、风电等新能源项目如中海油潍坊滨海风电项目、华能潍坊风电项目，大力发展风能、地热、太阳能等可再生能源产业，形成绿色能源产业链。瑞驰汽车公司拥有多项汽车生产研发专利技术，是集汽车研发设计、生产组装于一体的新能源汽车企业。潍坊联兴新材料科技股份有限公司研发低温烟气海水淡化技术，将锅炉燃烧产生的低温排空废气余热回收，与海水淡化装置结合，采用多效蒸馏法淡化海水，水质优于国家饮用水标准。

济南水资源十分缺乏，因此，对再生水资源与水污染处理具有广阔的市场需求，而市场需求又拉动济南水资源循环利用企业发展和激励污水再循环利用技术研发及其产业化。如济南高新技术产业开发区与济南市环境保护科学研究所、山东大学能源环境研究所等机构合作开展城市污水再循环利用领域的知识创造和技术研发。

六、区位和城市群集聚绿色创新

城市群的绿色创新资源、绿色需求、绿色创新主体、绿色创新环境等具有空间差异性，因此，区位是影响城市群绿色创新系统演化的重要因素。例如，青岛高新技术产业开发区利用临海区位优势和中国海洋大学等高等院校和研究机构的海洋科学和技术人才优势，发展绿色海洋科技产业。

城市群绿色创新链的不同环节跨越城市之间的行政区划限制，进行集聚，有利于实现范围绿色经济和外部规模绿色经济，如利用 CO_2 等废物生产多样化产品实现范围绿色经济、共同使用废物处理设施实现外部规模绿色经济；可以降低城市群绿色创新系统结点如研究机构、大学、中介服务机构、企业之间废物的运输成本，减少物质和能量消耗；可以促进城市群绿色创新系统结点之间学习、交流与协作，降低交易成本和学习成本，促进城市群绿色创新。

青岛畜牧科技示范园有青岛市奶牛标准化养殖专家工作站、青岛市实验动物研究专家工作站和青岛市国家级畜牧兽医科技专家服务基地等青岛市级以上院士和专家工作站、工作基地 18 个。肉鸡养殖示范区、即墨市良种猪繁育科技服务中心、高产奶牛繁育区等 10 个标准化小区是畜牧科技成果转化的孵化器、良种推广中心与培训基地。即墨市已有 50 多家发酵床生态养猪场。开发区内研究机构、企业、中介服务机构、政府之间开展绿色协同创新，绿色畜牧科技创新成绩突出。承担“国家级秸秆养畜示范区”“万枚高产奶牛胚胎富民工程”“高产奶牛胚胎移植技术产业化开发”等国家级科研成果转化项目和青岛市“羊驼的引进、饲养管理和繁育技术的研究与推广”等项目，被科技部授予“星火科技传播先进单位”。园区已形成循环型畜牧业产业链，如建成国内领先的“奶牛养殖—有机肥加工—光伏发电—浮萍养殖—净水利用—牧草种植”循环经济模式。

青岛高新技术产业开发区拥有中国海洋大学、青岛科技大学、青岛大学等高校，中国科学院青岛生物能源与过程研究所等7个科研院所，青岛市纤维新材料与现代纺织国家重点实验室、海尔数字化家电国家重点实验室等30多个市级以上重点实验室。拥有金融机构、科技成果转化交易中心、高新技术产品展示交易中心、知识产权平台、孵化器、公共技术平台、科技信息服务中心等中介服务机构。根据低碳经济、循环经济和绿色经济发展要求，重点发展环境友好型高性能橡塑材料等新材料产业、生物医药产业、海洋科技产业、电子信息产业、先进装备制造业、新能源与高效节能产业、现代服务业等高端生态型动脉产业。2020年，青岛讯和数聚信息咨询有限公司自主研发新型软件产品——可广泛应用于水、气、电等能源综合管理的智慧能源系统。科捷智能科技股份有限公司融合自主研发的智能制造平台和智慧物流平台，运用5G大数据分析、人工智能、物联网等先进技术与设备，为企业提供智慧物流和智能制造解决方案。积极发展静脉产业，建有工业炉渣、建筑垃圾、白泥等废物再循环利用企业；废水统一排入污水处理厂集中处理，达到一级标准后回用于开发区绿化、洗车、刷地、冲厕、施工以及营造开发区景观。山东半岛城市群内绿色创新资源、绿色创新组织跨越城市界限相互作用，如山东大学等高等院校与青岛科捷自动化设备有限公司开展合作创新，生产机器人。开发区内高校和研究机构、企业、中介服务机构、政府之间开展绿色协同创新，例如，制定《青岛高新技术产业开发区国家生态工业示范园区建设规划》，与中国家用电器研究院共建中国家用电器研究院华北分院，重点围绕节能家电、智慧家电、新能源家电进行创新，绿色创新成绩突出。2017 年，高新技术产业产值占规模以上工业企业总产值的 60%；国家科技部火炬中心发布国家级高新区评价（试行）结果，青岛高新技术产业开发区综合排名第十名。2018 年国家生态工业示范园区复查评估结果显示，青岛高新技术产业开发区评估等级为良好。2019 年，青岛高新技术产业开发区综合排名第十三名。

潍坊滨海经济技术开发区拥有潍坊职业学院等高等院校以及科研院所、企业技术中心、科技创新中心等各类研发机构 152 家、院士工作站 4 家。中介服务机构主要包括高新技术创业服务中心、金融机构、技术创新战略联盟、生产力促进中心、中小微企业孵化基地、律师事务所、新能源产学研培训中心、渔业协会等，已形成以海洋化工和石油化工产业、绿色能源产业、先进制造业等为主体的生态产业体系。山东半岛城市群内绿色创新资源、绿色创新组织跨越城市界限相互作用，如山东理工大学与潍坊联兴新材料科技股份有限公司的产学研合作项目“兰炭干熄及余热利用关键技术与设备开发”达到国际领先水平。山东理工大学与潍坊联兴炭素有限公司联合完成的“罐式煅烧炉高温煅后焦余热利用关键技术研发与应用”项目获山东省科技进步一等奖。开发区内高等院校和研究机构、企业、中介服务机构、政府之间开展绿色协同创新，2010 年，被批准为国家生态工业示范园区；2015 年，获批国家园区循环化改造示范试点园区；2017 年，高新技术产业产值占规模以上工业产值比重达 45.7%，被科技部认定为国家火炬潍坊滨海海洋化工特色产业基地。2020 年，潍坊滨海经济技术开发区现代海洋化工优势产业集群入选 2020 年山东省“十强”产业“雁阵形”集群库。

日照经济技术开发区建立省级工程技术研究中心 5 家、市级重点实验室 2 家、市级工程技术研究中心 22 家、博士后工作站 2 家、院士专家工作站 6 家和院士专家服务中心 1 家。中介服务机构主要包括科技孵化中心、中小企业公共服务中心、企业家联谊会、小微企业金融服务中心、产业技术创新战略联盟、生态企业协会等。已有 60 多家企业形成企业内部小循环，与开发区外 30 多家企业建立企业间循环，形成开放生态产业体系和“小、中、大”循环模式。山东半岛城市群内绿色创新资源、绿色创新组织跨越城市界限相互作用，如山东金马工业集团股份有限公司与山东大学合作建立热模煅技术研究中心。开发区内研究机构、企业、中介服务机构、政府之间开展绿色协同创新。2010 年，开发区升级为国家级经济技术开发区，被正式命名为国家生态工业示范园区。2014 年，获批国家循环化改造示范试点园区、国家低碳工业园区试点单位。截至 2018 年 5 月，开发区申请专利 1 300 多件，授权 900 多件，如日纳科技集团开发的净水设备等 6 种新产品填补国内空白。

东营经济技术开发区依托东营方圆铜业有限公司研发的氧

气底吹熔炼多金属捕集技术等，形成铜压延及深加工产业集群，在促进产业集聚的同时，积极发展循环经济，90%以上的铜和铜材产品获行业金奖或名牌产品称号。

七、城市群绿色创新公平

演化经济学认为，创新是发展的根本动力。结合循环、低碳和绿色发展理论，区域可持续发展理论可知，绿色创新是城市群可持续发展的根本动力，而公平是城市群可持续发展的基本要求，为实现城市群可持续发展，城市群绿色创新系统发展必须遵循公平原则，重视城市之间和城乡之间的绿色创新公平。

位于即墨市段泊岚镇的青岛畜牧科技示范园被原农业部、科技部评为国家星火计划农村科技服务体系建设示范单位、农村区域科技成果转化中心、国家级青岛市即墨市秸秆养畜示范区。青岛市科技局、科技部、原农业部等为青岛畜牧科技示范园进行绿色畜牧业创新研究提供资金支持。即墨市政府成立专门的金融协调办公室，鼓励担保和保险、金融机构采取专业合作社担保、联户担保等形式，为绿色养殖场贷款提供保险与信用担保服务。青岛畜牧科技示范园已建成青岛泰丰绿色肉鸡生产示范基地、青岛萌展绿色肉羊生产示范基地、新希望集团和青岛奥特绿色牛奶生产示范基地、青岛盛新悦绿色生猪生产示范基地和青岛蓝天伊势绿色蛋鸡产品生产示范基地等绿色无公害畜禽产品生产基地。积极促进产业链绿色创新，已经形成循环型畜牧业产业链，如建成“奶牛养殖—有机肥加工—光伏发电—浮萍养殖—净水利用—牧草种植”循环发展模式。目前，即墨市已经有50多家发酵床生态养猪场。青岛畜牧科技示范园已初步形成滨海小城镇区域绿色畜牧业创新系统，促进青岛市、即墨市城乡绿色经济的协调发展。

2010年4月，潍坊滨海经济技术开发区获批国家级经济技术开发区，是全国最大的生态海洋化工生产与出口创汇基地，被评为国家园区循环化改造示范试点园区、国家科技兴贸创新基地、国家职业教育创新发展试验区、全国科技兴海示范区、国家产城融合示范区、国家生态工业示范园区、环渤海高端装备制造产业基地。2011年，山东半岛蓝色经济区发展战略开始实施，潍坊滨海经济技术开发区被评为国家海洋经济新区。2017年，被科技部认定为国家火炬潍坊滨海海洋化工特色产业基地。2018年，被山东省发展和改革委员会、海洋与渔业厅、科学技术厅评为首批山东省科技兴海产业示范基地。在国家和山东省政府的扶持下，潍坊滨海经济技术开发区已经形成以海洋产业绿色创新为特色的滨海临港经济技术开发区绿色创新系统。国家和山东省政府对潍坊滨海经济技术开发区绿色创新的扶持，促进了山东半岛城市群城市之间绿色经济协调发展。

以上影响山东半岛城市群绿色创新系统演化的因素之间相互作用，构成山东半岛城市群绿色创新系统演化机理（见图3-1）。

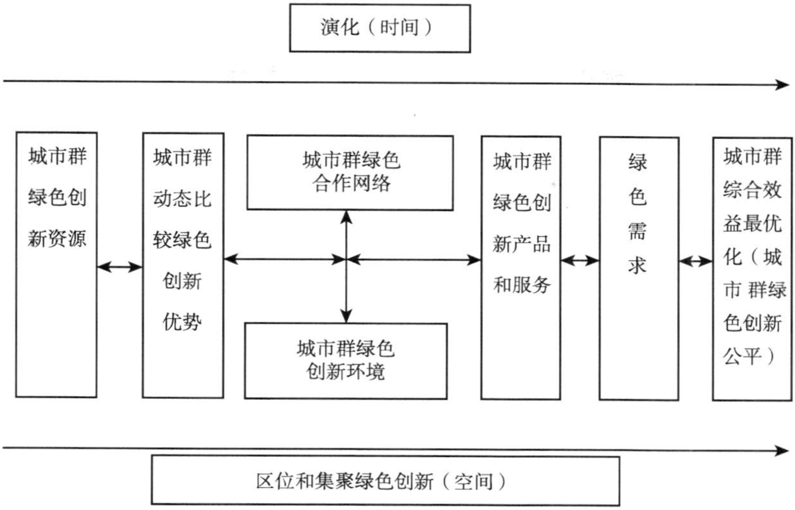

图 3－1　山东半岛城市群绿色创新系统演化机理图

第四章　山东半岛城市群绿色创新系统模式研究

第一节　发展生态工业、低碳工业，改造形成的滨海高新技术产业开发区绿色创新系统模式

青岛高新技术产业开发区建于 1992 年 11 月。2010 年 5 月，青岛高新技术产业开发区被科技部批准建设国家创新型科技园区。2012 年 7 月，被授予“国家高新区建设二十年先进集体”称号。2014 年，获批国家生态工业示范园区、国家低碳工业园区试点园区。2015 年 2 月，海洋科技创新及成果孵化带、蓝色硅谷核心区和青岛（胶南）新技术产业开发试验区纳入青岛高新技术产业开发区。2016 年，青岛高新技术产业开发区获批山东半岛国家自主创新示范区。2017 年 6 月，青岛高新技术产业开发区获批第二批国家双创示范基地。在传统高新技术产业开发区基础上，发展生态工业、低碳工业，初步形成滨海高新技

术产业开发区绿色创新系统。

一、发展生态工业、低碳工业，改造形成的滨海高新技术产业开发区绿色创新系统模式的特征与形成机理

（一）形成以新材料产业、电子信息产业、新能源与高效节能产业、生物医药产业、海洋科技产业、先进装备制造业、现代服务业等生态型动脉产业、低碳产业和蓝色产业为主体的生态产业体系

青岛高新技术产业开发区根据循环经济和低碳经济发展要求，积极调整产业结构，重点发展电子信息功能材料、环境友好型高性能橡塑材料、功能纤维新材料等新材料产业、电子信息产业、生物医药产业、新能源与高效节能产业、先进装备制造业、海洋科技产业、现代服务业等高端低碳产业、生态型动脉产业。如中国船舶重工集团公司710所青岛海洋仪器装备研发及产业化基地项目主要开展水下机器人、海洋动力环境监测浮标、海洋智能拖曳等领域产品的研发及产业化。2012年，开发区引进柯能高纯度胶原蛋白肽、白介素等重点项目。

开发区积极发展静脉产业，建有建筑垃圾和工业炉渣、白泥等废物再循环利用企业；开发区废水统一排入污水处理厂集中处理，达到一级标准后回用于开发区绿化、冲厕、刷地、洗车、施工和营造开发区景观。

开发区不断加强与国内外创新型企业之间的联系，外向型特征突出。清华科技园启迪科创公司在开发区重点建设启迪科技大厦、启迪孵化器（加速器）、启迪总部领航区等创新创业

载体。2012年2月，德国瑞凯威飞机座椅制造有限公司航空装备制造项目落户开发区，主要从事民用航空器座椅制造、装配和工程研发。2012年3月，由日本佐藤来拓工业株式会社投资的佐藤医疗器械零部件项目落户开发区，主要从事肾脏透析仪器用树脂成型器研发和生产。2012年6月，开发区与仁川科技园就加强两区间软件与服务外包、生物医药、现代服务业等领域的交流合作签署备忘录，吸引韩国企业和承接韩国研发型企业成果转化。

机器人制造业、生物医药产业、海工装备制造业、新材料产业等被列入青岛市新兴产业，蓝色生物医药产业园和海洋装备产业园被认定为青岛市海洋特色产业基地，在机器人制造、海洋生物医药、石墨烯等领域获批国家级产业基地。2017年，青岛高新技术产业开发区高新技术产业产值超过130亿元，占规模以上工业企业总产值的60%；国家科技部火炬中心发布国家级高新区评价（试行）结果，青岛高新技术产业开发区综合排名第十名。截至2018年1月，青岛高新技术产业开发区共有高新技术企业163家。

（二）研究机构和高等院校数量较多、知名度较高，开发区以合作研发、共建研究机构和产业化基地等方式与区内外研究机构、高等院校进行绿色技术合作创新

开发区拥有中国海洋大学、青岛大学、青岛科技大学等高等院校，中国科学院青岛生物能源与过程研究所、中国农业科学院烟草研究所等7个科研院所，海尔数字化家电国家重点实验室、青岛市纤维新材料与现代纺织国家重点实验室等30多个

市级以上重点实验室和10多个市级以上工程技术研究中心。

青岛科捷自动化设备有限公司与山东大学等高等院校开展合作创新，生产直角机器人、关节机器人、加工机器人、服务机器人等，产品出口日本、印度尼西亚、马来西亚等国家。

青岛高科技工业园与中国科学院、中国海洋大学、国家海洋局一所、西安电子科技大学等高等院校、研究机构建立长期合作关系。

开发区与清华大学合作，引进清华大学大数据研究中心等项目，建设中国领军产业园区。2012年9月，开发区与中国家用电器研究院签订中国家用电器研究院华北分院共建协议，重点围绕智慧家电、节能家电、新能源家电开展工业设计、产品研发、企业孵化、技术标准制定、知识产权交易等工作。其中，青岛数字家电研发设计中心将中国国际设计产业联盟和“好设计”品牌引入青岛高新技术产业开发区，集聚世界设计资源，打造“蓝湾设计硅谷”，促进国家新型数字家电创新型产业集群（试点）建设。开发区与山东省科学院海洋仪器仪表研究所合作建设海洋仪器装备产业园。

（三）中介服务机构种类和数量较多，绿色产业创新联盟、自然资源与环境产权交易市场等绿色中介服务机构滞后

开发区拥有金融机构、高新技术产品展示交易中心、科技成果转化交易中心、孵化器、知识产权平台、科技信息服务中心、公共技术平台等中介服务机构。

2012年4月，开发区组织青岛生产力促进中心、青岛市担保中心、青岛银行等单位举行科技金融联合担保授信业务对接

会，向开发区科技型中小企业推介科技金融联合担保授信业务。2012 年 7 月，交通银行高新区支行进驻青岛高新技术产业开发区；开发区蓝色生物科技园发展公司与国家开发银行青岛分行签订开发性金融合作协议，通过规划合作推进信用体系建设，实现投、贷、债、租、证和中间业务等 24 种金融服务产品的全方位合作。2012 年 8 月，青岛市慈善总会高新区分会揭牌暨高新区“中远佐敦慈善基金”设立签约仪式在高新区创业大厦举行。2012 年 9 月，开发区与农业银行青岛市分行签订战略合作协议，探索科技与金融有效结合途径。

（四）政府是青岛高新技术产业开发区绿色创新系统发展的重要推动者

1. 实施创新驱动战略，支持中介服务机构建设。开发区建设生物医学工程与技术公共研发服务平台、机器人、石墨烯公共检测平台等平台。

2. 实施生态兴城战略，优化开发区绿色创新自然资源与“废物”环境。坚持循环经济理念，制定《青岛高新技术产业开发区国家生态工业示范园区建设规划》，推进生态工业园建设。开展园区生态环境评价，打造胶州湾北岸生态科技人文新城区。集约利用土地，如在胶州湾盐滩上建设市北高新产业园，构建开发区绿色能源网。建立垃圾分类收集体系，对有毒有害垃圾实行严格监管、专业化处理，分类整理和回收居民生活垃圾，可再生资源纳入区域循环经济体系。形成开发区“一环、三廊道、四绿心、多斑块”水系景观。改造盐田土壤，增加植被面积，提高开发区绿化率；利用海水建设“咸水湖”，在营造开发区新景观和节约淡水资源的同时，实现土壤改良和小区域气候有效调节。

3. 实施人才先导战略，优化开发区绿色创新人力资源环境。深化“人才特区”建设，每年设立1亿元专项资金，引进高端人才与创新团队，与创新科技国际联盟官网建立实时链接，引进留学人员企业、海外高层次人才创业项目和蓝色人才港入驻项目。根据“千人计划”项目高、精、尖、优特点，制定红岛经济区“千人计划”项目扶持政策。设立高层次人才创新创业服务中心，提供创业咖啡、创业沙龙等服务。

4. 实施产城一体战略，优化开发区绿色创新基础设施环境。在生态工业园基础上，实施区域带动、产城一体战略，商区、学区、社区、园区四区联动，融合发展，打造“宜研、宜业、宜商、宜居”四宜城市综合体，加快基础设施互联互通和市级公共服务项目建设。建设全地下污水处理厂和总长52千米的国内最完善地下综合基础设施管廊系统，按照百年一遇防洪标准建设防潮大坝。

5. 各级政府积极支持开发区建设，优化开发区绿色创新资金环境。2010年5月，开发区被科技部批准建设国家创新型科技园区；2014年，获批国家生态工业示范园区和国家低碳工业园区试点园区。2015年4月，青岛市成为中欧低碳生态城市合作项目专项试点城市，主要围绕城市紧凑发展规划、绿色产业发展、清洁能源利用、垃圾处理处置、城市更新与历史文化风貌保护、绿色建筑、绿色交通、水资源与水系统等领域进行试点；在开发区开展清洁能源利用、水资源与水系统领域专项合作。山东半岛蓝色经济区建设办公室和青岛市蓝色经济区建设办公室积极支持开发区建设，如 2014 年开发区 2 个基础设施配套建设项目获山东省区域战略推进专项资金 3 600 万元。

6. 优化开发区绿色创新制度环境。开发区出台鼓励扶持生活性服务业发展专项政策，2014 年开办商场、超市等服务业项目，最高可获 80 万元奖励。制定生态项目建设政策，对每个项目的产业方向、税收、环境影响等进行评审，研发型企业直接入驻孵化器，项目由各事业部自行组织联审，简化程序，加快项目实施进程；充分考虑环境效益、经济效益和社会效益，将能源、资源消耗和环境影响标准作为筛选高新技术产业项目入园依据；针对开发区安全、环保、规划、土地集约利用的严格要求和国家对特殊设备、工艺、产品特殊限制，设定一票否决内容。

二、发展生态工业、低碳工业，改造形成的滨海高新技术产业开发区绿色创新系统模式的经验、教训

（一）经验

1. 发挥沿海区位优势，积极发展高端蓝色产业和外向型产业，以合作研发、共建研究机构和产业化基地等方式与区内外研究机构、高等院校进行绿色技术（主要是生态型动脉产业技术）合作创新。

2. 坚持环保优先，制订区域生态工业发展规划，积极发展新兴生态产业、低碳工业，逐步对传统产业进行生态化改造，以动脉产业为核心，发展相关静脉产业，构建区域循环型产

业链。

3. 政府实施绿色创新战略，包括生态兴城战略、人才先导战略、创新驱动战略和产城一体战略，支持中介服务机构建设，采取多种措施较全面地优化区域绿色创新环境。

（二）教训

1. 开发区建于 1992 年 11 月，由于当时缺乏循环经济理念，企业之间废物联系十分松散，不利于区域循环型创新链构建。

2. 忽视开发区生产产品消费后产生废弃物的再利用、再循环，对高等院校、研究机构、中介服务机构、政府、企业等在交互作用过程中消耗物质和能量的减量化、再利用和再循环重视不够。

3. 以构建生态型动脉产业创新链为主，忽视静脉产业创新和废水中有用物质、废气尤其是 CO_2 循环利用，忽视绿色行业协会、绿色产业创新联盟、废物交易市场，自然资源与环境产权等绿色产权交易市场，自然资源与环境法律事务所等绿色中介服务机构建设。

第二节　滨海小城镇区域绿色畜牧业创新系统模式

位于山东省即墨市段泊岚镇的青岛畜牧科技示范园被国家科技部、原农业部评为农村区域科技成果转化中心、国家星火计划农村科技服务体系建设示范单位、国家级青岛市即墨市秸秆养畜示范区，已初步形成滨海小城镇区域绿色畜牧业创新系统。

一、滨海小城镇区域绿色畜牧业创新系统模式的特征和形成机理

（一）形成循环型畜牧业创新型企业

青岛畜牧科技示范园已建成青岛泰丰绿色肉鸡生产示范基地、青岛蓝天伊势绿色蛋鸡产品生产示范基地、新希望集团和青岛奥特绿色牛奶生产示范基地、青岛萌展绿色肉羊生产示范基地和青岛盛新悦绿色生猪生产示范基地等绿色无公害畜禽产品生产基地，其中，青岛奥特奶牛良种场、泰丰畜产科技有限公司、青岛盛新悦畜牧生态养殖有限公司等企业已通过无公害畜禽生产认证。目前，即墨市已经有 50 多家发酵床生态养猪场，发酵床生态养猪技术正在即墨市得到应用和推广。高产奶牛标准化养殖示范项目采用以色列阿菲金数字系统进行管理，配套运行循环型粪污无害化处理系统。青岛泰丰畜产科技有限公司国际标准现代化商品肉鸡养殖场项目采用荷兰地源热能技术，利用地热能调节鸡舍温度进行养殖，并配套建设先进自动化粪污无害化处理系统等设施。

青岛畜牧科技示范园企业积极促进产业链创新，形成循环型畜牧业产业链。如建成国内领先的“奶牛养殖—有机肥加工—光伏发电—浮萍养殖—净水利用—牧草种植”循环经济模式。畜牧养殖企业采用先进干清粪生产工艺，使尿、冲洗水与

干粪分两道工序清理，实现畜禽粪便“干湿分离”。干粪堆制成有机肥，供给粮食生产基地和无公害蔬菜基地使用，污水经沉淀碱化后灌溉周边农田，年可处理2.6万吨畜禽粪尿。建设800立方米沼气池，年产2.4万立方米沼气，形成“养殖—沼气—用能—种植”四位一体循环养殖发展模式。青岛畜牧科技示范园大力推进国家级秸秆养畜示范区建设和畜禽粪便无害化处理项目建设，通过家畜过腹还田，形成秸秆（粮）—畜禽—粪便（有机肥）—沼气—（沼液、沼渣）还田—粮（秸秆）循环型产业链。

（二）缺乏高等院校，积极与区外农业高等院校、研究机构以共建实验基地和教学科研实习基地、合作研发、开展畜牧科技培训等方式进行绿色畜牧业技术合作创新

截至2017年6月，青岛畜牧科技示范园有青岛市国家级畜牧兽医科技专家服务基地、青岛市实验动物研究专家工作站、青岛市奶牛标准化养殖专家工作站等青岛市级以上院士和专家工作站、工作基地18个，其中国家级5个，与中国农业大学等50多个高端研究机构和高校160多名专家建立紧密科研合作联系。

青岛畜牧科技示范园承担“万枚高产奶牛胚胎富民工程”“国家级秸秆养畜示范区”“高产奶牛胚胎移植技术产业化开发”“畜牧业循环经济模式研究、示范与推广”等国家级科研成果转化项目和山东省政府循环经济示范点，青岛市“羊驼的引进、饲养管理和繁育技术的研究与推广”“十万只肉羊高效圈养舍饲配套技术开发应用”等项目，被国家科技部授予“星

火科技传播先进单位”。

青岛畜牧科技示范园与青岛农业大学、青岛畜牧兽医研究所、山东农业大学等农业高等院校、研究机构合作，积极推广奶牛性控冻精、生猪人工授精等繁育技术，全混合日粮饲喂、发酵床生态养猪、中草药养羊等生态饲养技术。

青岛畜牧科技示范园依托山东农业大学等农业高等院校、研究机构，从青岛农业大学、即墨市大型养殖企业等单位选择20多名顶尖技术人才作为畜牧科普培训专家，积极举办畜牧科技培训。如在2016年举办培训班16期，培训养殖技术人员1 500多人次，培训内容包括养殖管理经验、无公害养殖技术、流行病预防与诊疗、养殖场安全生产管理、牧草种植技术、青贮饲料制作技术、粪污无害化处理技术等。青岛畜牧科技示范园与山东农业大学、青岛农业大学等合作建立教学科研实践基地，青岛农业大学在青岛畜牧科技示范园建设教学科研实习基地。

（三）形成具有绿色畜牧业特色的中介服务机构

青岛畜牧科技示范园肉鸡养殖示范区、高产奶牛繁育区、即墨市良种猪繁育科技服务中心等10个标准化小区是青岛市畜牧科技成果转化的孵化器、良种推广中心和培训基地。

青岛畜牧科技示范园开设畜牧专家服务热线，为青岛市畜牧养殖户提供畜牧科技咨询服务，指导和帮助养殖户解决畜禽生产中遇到的难题；联合即墨广播电台开办《专家与您聊畜牧》节目。

青岛地方畜禽良种展览馆、青岛市现代畜牧业展厅、远程监控平台和疫病防控网络管理系统面向公众免费开放。通过展板、模型、灯箱、沙盘和多媒体等展示青岛市现代畜牧业发展亮点和发展规划等，包括现代畜牧业发展的先进理念、先进设备、养殖技术、优良品种等。青岛地方畜禽良种展览馆、青岛市现代畜牧业展厅等建设全封闭展示观摩通道和4个饲养区，采用青岛大牧人公司生产的专业畜牧养殖设备，并配套安装水帘、风机等全自动环境控制系统和先进粪污处理设备。2014年，接待前来旅游参观的中小学生、单位团体和其他游客1 000多人次，被山东省畜牧兽医局、山东省旅游局评为山东省首批畜牧旅游示范区。目前，已接待通辽、日喀则、临沂、菏泽等地区十多批客人的考察学习。

即墨市人民政府与正大集团共同出资成立担保公司，为养殖户提供贷款担保，并加大畜牧业贴息贷款力度。

（四）政府积极推进青岛畜牧科技示范园绿色畜牧业创新系统发展

1. 青岛畜牧科技示范园积极引导园区畜牧业发展循环经济

通过开班授课、免费电话咨询、网站宣传、下乡发放畜牧业循环经济知识手册、科技联户等多种方式，倡导发展循环型畜牧业；大力推进国家级秸秆养畜示范区和畜禽粪便无害化处理项目建设，对黄牛胚胎移植、发酵床养猪、沼气建设工程、通过无公害认证和符合标准的规模畜禽养殖场提供财政补贴等。组织成立久和园、天蓬、兴民、爱牛、宜群、萌展6个畜牧专业合作社；金口镇130多个畜牧养殖户加入畜禽养殖专业合作社，按照标准化模式生产的绿色畜禽产品，贴上由养殖专业合作社统一申请注册的绿色畜产品商标，产品增值1—3倍。

2. 支持中介服务机构建设

积极搭建“科普教育、实验示范、科研成果推广”三大平台，促进即墨市畜牧业发展。投资1 000多万元建设青岛畜牧科技示范园专家服务中心，不断完善培训工作机制，充分挖掘畜牧科技培训资源，积极开展畜牧科技培训工作。

3. 不断优化园区绿色创新环境

（1）优化园区绿色创新资金环境。国家科学技术部、原农业部、青岛市科学技术局等为青岛畜牧科技示范园开展绿色畜牧业创新项目研究提供资金支持。即墨市人民政府专门成立金融协调办公室，建立农村信用担保体系，鼓励金融、担保和保险机构采取联户担保、专业合作社担保等形式，为规模养殖场贷款提供信用担保和保险服务。

（2）优化园区绿色创新制度环境。围绕发展现代畜牧业制定优惠政策如“亲商、富商、安商、扶商”政策，制定“畜牧科技人员联系养殖大户制度”，要求畜牧科技人员每人每月至少2次上门为联系的畜牧养殖户服务，提供最新畜牧市场信息，进行技术指导和咨询服务，并将技术指导内容和服务项目登记在“联系卡”上。成立科技联户小组，与中小养殖户结成帮扶对子，定期到困难户、养殖户家中送技术。

（3）进行园区水、电、路、绿化、亮化、通信设施改造，优化园区绿色创新基础设施环境。

二、滨海小城镇区域绿色畜牧业创新系统模式的经验、教训

（一）经验

1. 发挥沿海区位优势，积极引进国外先进循环型畜牧业技术，在消化和吸收基础上，因地制宜，再创新循环型畜牧业技术。如发酵床生态养猪技术是在引进日本、韩国现代养猪技术基础上，根据中国国情进行消化、吸收、再创新的技术。积极促进产业链创新，构建循环型畜牧业产业链。如建成的“奶牛养殖—有机肥加工—光伏发电—浮萍养殖—净水利用—牧草种植”循环型产业链，虽然没有技术创造，但由于产业链创新，结构效益大，经济效益和生态效益大幅度提高，表明结构创新在循环经济中具有重大价值。

2. 为弥补区内缺乏农业高等院校的劣势，积极与区外农业高等院校、研究机构以共建实验基地和教学科研实习基地、合作研发、开展畜牧科技培训等多种方式进行绿色畜牧业技术合作创新。

3. 建设具有绿色畜牧业特色的中介服务机构，通过支持绿色畜牧业“科普教育、实验示范、科研成果推广”平台等建设以及成立科技联户小组、提供上门科技服务等手段促进畜牧科技示范园绿色畜牧业创新。

4. 畜牧科技示范园位于大城市郊区的小城镇，土地成本低，远离人口密集城市，可以降低环境危害风险；同时，又可以利用大城市区位优势，促进园区绿色畜牧业创新。

（二）教训

1. 对绿色中介服务机构建设重视不够。青岛畜牧科技示范园虽然已建设绿色畜牧业科技成果转化的孵化器、良种推广中心和培训基地、绿色畜牧业发展咨询机构和担保公司、青岛地方畜禽良种展览馆、青岛市现代畜牧业展厅、远程监控平台和疫病防控网络管理系统等为绿色畜牧业创新服务的中介服务机构，但无论是青岛畜牧科技示范园还是即墨市段泊岚镇都缺乏绿色畜牧业技术市场、粪便等废物交易市场、自然资源与环境产权等产权交易市场、绿色会计师事务所、绿色畜牧业创新联盟、自然资源与环境法律事务所等绿色中介服务机构。

2. 段泊岚镇和青岛畜牧科技示范园忽视废物市场信息网络基础设施以及绿色知识与绿色技术市场信息网络基础设施环境、绿色创新人力资源环境、绿色创新社会文化环境、绿色创新自然资源与“废物”环境等区域绿色创新环境建设。

第三节　发展生态型动脉产业，利用区内外废物发展静脉产业，改造形成的滨海经济技术开发区绿色创新系统模式

烟台经济技术开发区是1984年经国务院批准成立的国家级经济技术开发区，已成为国家生态工业示范园区、国家新型工业化产业示范基地、国家首批循环经济试点园区、ISO14000国

家示范区、国家首批留学人员创业园区和国家4A级旅游度假区。积极发展生态型动脉产业，利用区内外废物发展静脉产业，改造形成滨海经济技术开发区绿色创新系统。

一、发展生态型动脉产业，利用区内外废物发展静脉产业，改造形成的滨海经济技术开发区绿色创新系统模式的特征和形成机理

（一）发展机械工业、电子信息产业、新材料产业、生物医药产业、新光电产业等生态型动脉产业，利用区内外废物发展静脉产业

1985年12月，第一家合资企业——烟台亚东标准件有限公司进驻烟台经济技术开发区。1987年7月，第一家“世界500强”企业——汉高乐泰（中国）有限公司进驻开发区，上海通用东岳汽车有限公司、富士康科技集团等相继落户。开发区已形成机械工业、电子信息产业两大核心产业，主要产品包括汽车、船舶、手机和电脑等。机械工业以上海通用东岳汽车有限公司、烟台斗山工程机械（中国）有限公司、大宇造船海洋（山东）有限公司等骨干企业为支撑，发展配套企业200多家，形成汽车产业集群和装备制造业集群。电子信息产业以富士康工业园、烟台浪潮LG有限公司、乐金显示（烟台）有限公司等为龙头，发展配套企业350多家，形成电子信息产业集群。以烟台万华集团有限公司、烟台泰和新材料股份有限公司为龙头的新材料产业、以烟台荣昌制药股份有限公司领军的生物医药产业和以烟台睿创微纳技术有限公司、烟台富准精密电子有

限公司等为骨干的新光电产业在开发区开始崛起。建设城市污水处理再生利用、建筑中水、企业节水“三大工程”，构建开发区内水资源循环利用链。华鲁热电公司等热电厂对开发区实行统一供热，既提高能源利用效率，又减少环境污染。

以机械工业、电子信息产业、餐饮业等产业为核心，发展相关静脉产业，构建循环型产业链网。如绿环物资有限公司对上海通用东岳汽车有限公司等企业产生的废纸箱、废木材、废塑料等废物进行再循环利用，形成的新产品返销相关企业使用。鑫广绿环再生资源股份有限公司将汽车车身下脚料加工成零件，然后制成各种汽车零配件，返销给汽车企业；剪切下来的碎铁片被压缩成块状，运到炼钢厂返炉。鑫广绿环再生资源股份有限公司的工业废油废液资源化综合利用工程项目以工业废油废液为原料，采用“预处理—薄膜蒸发—分子蒸馏—白土精制”纯物理过程工艺路线，设置10套薄膜蒸馏和分子蒸馏系统，实现工业废油处置量5 000吨/年、废液处置量300吨/日，年产18 000吨汽柴油、润滑油等；于2014年投入运行的污泥深度处理项目采用生石灰干化填埋法，将污泥作为固体废物填埋覆盖土综合利用。2014年，位于开发区的烟台市环境卫生管理处垃圾处理场完成餐厨垃圾处置设备安装并投入运行。

烟台海源新型建材有限公司与烟台开发区三维海洋生物工程技术有限公司等企业通过物质循环和能量流动，形成“小生态工业园”。

烟台资源再生加工示范区引进齐合天地（烟台）再生资源有限公司、隆达铝业（烟台）有限公司、烟台睿峰环保科技有限公司等 60 多家资源再生企业，齐合天地（烟台）再生资源有限公司等 12 家企业拥有进口再生资源资格。由以鑫广绿环再生资源股份有限公司、烟台中祈环保科技有限公司等企业引领的废家电、废金属再循环利用等为核心的静脉产业与以隆达铝业（烟台）有限公司、烟台领航国际帆艇有限公司等企业引领的节能设备、环保设备为导向的生态型动脉产业共同组成。目前，烟台资源再生加工示范区已安装废基板拆解、废旧家电拆解和废旧显像管清洗等流水生产线，对废旧电视、冰箱（柜）、电脑、空调、洗衣机等废旧家电进行拆解和无害化处理，对废旧线路板进行粉碎，对废旧显像管进行清洗，从中提炼铝、金、锡、铜、银、镍等贵重金属，并对氟利昂等有害物质进行回收。如隆达铝业（烟台）有限公司将烟台中祈环保科技有限公司的铝拆解材料，在经过熔化、合金化、铸锭等工序后，制成铝合金锭，铝合金锭被附近多家汽车及零部件生产企业如上海通用东岳汽车有限公司、烟台首钢电装有限公司使用。隆达铝业（烟台）有限公司创新提出“铝液直供”模式，将液态铝通过专业车辆直接运输至客户生产车间进行灌装铸造。用铝企业二次熔炼一吨铝锭消耗约 90 立方米天然气，“铝液直供”模式节能减排效果显著。

2014 年 8 月，烟台资源再生加工示范区通过国家级综合验收，成为国家级“城市矿产”示范基地；鑫广绿环再生资源股份有限公司、烟台中祈环保科技有限公司获国家废弃电器电子产品处理资质以及国家财政部、原环保部、发展改革委和工信部四部委的第二批废弃电器电子产品回收处理基金补贴。目前，烟台资源再生加工示范区已形成废钢铁、废家电、废有色金属、废热、废渣、废塑料、海洋生物废弃物等废弃物再循环利用产业链。

截至 2017 年 11 月，烟台经济技术开发区有 8 家国家级高新技术企业成功上市，拥有中国驰名商标、山东省著名商标、山东省名牌产品 50 多件，216 项发明专利填补国内空白或打破国外垄断，113 项技术成果达国际首创、国际国内领先水平，11 项科技产品市场占有率位居全球第一。

烟台经济技术开发区重视生态型动脉产业技术创新，同时，开展静脉产业技术创新。如烟台泰和新材料股份有限公司在从国外引进技术设备基础上自主创新，成为国内首家实现间位芳纶、氨纶、对位芳纶（对位芳纶强度是钢丝的 6 倍，重量仅为钢材的 1/5）规模化生产企业。烟台龙源电力技术股份有限公司是隶属于中国国电集团公司的国家高新技术企业，拥有完全自主知识产权的煤粉锅炉等离子体无燃油点火技术与等离子体双尺度低氮燃烧技术，获国家科学技术进步二等奖。烟台德邦科技有限公司已获批新型电子密封材料国际专利 35 项，攻破 8 项国外技术垄断。烟台海源新型建材有限公司自主研发“全工业废渣、养殖废海水制砖”项目获“山东省新型墙体材料生产许可证”。

（二）缺乏高等院校，与区外研究机构、高等院校以建立产学研联合体等方式进行绿色技术合作创新

开发区与中国科学院、清华大学、北京大学、上海交通大学、西安交通大学、同济大学等 138 所研究机构、高等院校开

展合作创新，如烟台泰和新材料股份有限公司与复旦大学、山东先声麦得津生物制药有限公司与清华大学、烟台正海生物科技股份有限公司与中国科学院、烟台荣昌制药股份有限公司与同济大学开展循环型技术合作创新。其中，9 名院士、200 多名高层专家与烟台经济技术开发区企业建立稳定合作关系，开发区 95% 以上重点科技企业建立产学研联合体，已经开展 900 多项产学研合作项目。

（三）拥有再生资源回收利用体系信息平台、“1 + 3”新型科技服务平台、金融机构等中介服务机构

烟台经济技术开发区拥有烟台市再生资源回收利用体系信息平台、先进制造、生物医药和新材料产业技术创新服务平台、60 多家金融机构等中介服务机构。

2015 年 12 月，由烟台经济技术开发区设计的“1 + 3”新型科技服务平台成功运营。该平台以企业为中心，链接政府、研究机构、高等院校、中介服务机构，包括科技创新公共服务平台、科技投资风险平台、创新创业公共载体、产学研合作平台；是通过整合 100 多个研究机构与高等院校、3 个区域创新平台、300 多名技术专家和 10 多家风投金融机构、科技服务机构等构筑形成的区域科技服务平台。

目前，开发区已经初步建设产品检测、科技创新、工业设计、信息共享等公共服务平台。

（四）政府积极推动烟台经济技术开发区绿色创新系统发展

1. 编制和实施《烟台经济技术开发区生态工业园建设规划》。2004 年 11 月，烟台经济技术开发区获批创建国家生态工

业示范园区，编制并实施《烟台经济技术开发区生态工业园建设规划》；2010 年 4 月，通过国家验收；2012 年，启动《国家生态工业示范园区建设规划》修编工作；2014 年 3 月，规划文本通过专家论证，烟台经济技术开发区开始实施新规划。

2. 扶持企业绿色技术研发机构、创新平台等中介服务机构建设。开发区建设中韩产业园，引进 2.9 亿美元的韩国现代汽车全球新能源汽车研发中心。与烟台荣昌制药股份有限公司、烟台路通精密科技股份有限公司、烟台德邦科技有限公司共同创建先进制造、生物医药、新材料产业技术创新服务平台。2013 年，出台科技“奖补新政”，加大对企业研发平台、科技孵化器、科技创新服务平台等创新平台建设的扶持力度；其中，对列入国家级工程技术研究中心的企业给予 500 万元配套补助资金；鼓励外资企业建立研发中心，最高给予 100 万元扶持资金。2015 年 12 月，由烟台经济技术开发区设计的“1 + 3”新型科技服务平台成功运营。目前，烟台经济技术开发区已经初步建设产品检测、科技创新、工业设计、信息共享等公共服务平台。

3. 优化开发区绿色创新环境。

（1）优化开发区绿色创新人力资源环境。开发区推出绿色通道、创新平台、政策等措施，为高端人才创新创业提供服务。2013 年，出台科技“奖补新政”，对新进开发区的世界一流、对开发区产业发展有重大影响与能为开发区带来重大经济效益、社会效益和生态效益的创新创业团队给予 1 000 万—2 000 万元的扶持资金，对具有国内顶尖水平、国际先进水平的创新创业团队给予500万—1 000万元的扶持资金，对具有国内先进水平的创新创业团队给予300万—500万元的扶持资金。开发区已形成新光电、生物医药、先进制造、新材料产业等生态型动脉产业人才群。

（2）各级政府积极扶持开发区循环经济发展，优化开发区绿色创新资金环境。2009年，烟台绿环再生资源股份有限公司成为山东省再生资源利用示范企业，获省、市政府扶持资金130万元。2014年8月，烟台资源再生加工示范区通过国家级综合验收，成为国家级“城市矿产”示范基地，获中央财政扶持资金1.5亿元；鑫广绿环再生资源股份有限公司、烟台中祈环保科技有限公司获国家废弃电器电子产品处理资质以及国家财政部、原环保部、发展改革委和工信部四部委的第二批废弃电器电子产品回收处理基金补贴。开发区提供初期规模5 000万元的创业引导基金，以风投和创投方式撬动资金，扶持生物医药、新光电、新材料产业等生态型动脉产业。制定知识产权质押贷款贴息政策，助推烟台龙源电力技术股份有限公司、烟台一诺电子材料有限公司等企业利用知识产权贷款。积极引进国外资本，外商投资工业企业数量约占开发区累计注册工业企业总数的1/2。

（3）优化开发区绿色创新基础设施环境。烟台经济技术开发区累计投入400多亿元建设基础设施，如实施河岸整治、生态走廊建设、污水处理厂提标扩建、城市污水处理厂污泥处置工程等工程。

（4）优化开发区绿色创新社会文化环境。充分利用开发区电视台、报纸等平台，通过发布环境质量公告、宣传绿色生活方式等，面向社会进行环境保护宣传教育；组织开展向开发区学校、社区等发放宣传资料、赠送宣传挂图和绿色消费手册。

（5）优化开发区绿色创新制度环境。烟台经济技术开发区在山东省内率先出台《全面推行清洁生产实施意见》《建筑中水工程建设管理（试行）办法》等法规文件；督促企业建立日常环境管理制度，资源再生管理局成立专门工作组并实行机关干部包企业制度。

二、发展生态型动脉产业，利用区内外废物发展静脉产业，改造形成的滨海经济技术开发区绿色创新系统模式的经验、教训

（一）经验

1. 对机械工业、电子信息产业等传统产业进行生态化改造，发展机械工业、电子信息产业、新材料产业、生物医药产业、新光电产业等生态型动脉产业，利用区内外废物发展静脉产业，构建区域循环型产业链网。

2. 重视生态型动脉产业技术创新，积极与区外知名研究机构、高等院校建立合作关系，构建产学研联合体。

3. 建设再生资源回收利用体系信息平台、绿色创新平台等绿色中介服务机构，促进区域静脉产业创新和生态型动脉产业创新。

4. 推动金融与循环经济科技融合，发挥沿海区位优势，引进高端绿色创新人才，积极引进国外资本、循环经济技术和

“废物”，采取多种措施较全面地优化区域绿色创新环境。

（二）教训

1. 对静脉产业的知识创造和技术研发重视不够，没有制定专门的绿色技术创新扶持政策。

2. 重视企业生产消耗物质的减量化、再利用和再循环，但对高等院校、研究机构、中介服务机构、政府等在交互作用与协同创新中消耗物质和能量的减量化、再利用、再循环重视不够，忽视区域低碳创新和土地资源循环利用。

3. 对绿色经济教育培训机构、绿色经济生产力促进中心、绿色产业集群发展联盟、绿色孵化器、自然资源与环境产权等产权交易市场、绿色产业协会等绿色中介服务机构建设重视不够。

第四节 构建“小、中、大”循环，改造形成的滨海临港经济技术开发区绿色创新系统模式

日照经济技术开发区于1991年8月建设，前身是日照市出口加工区。1992年4月，日照市人民政府将日照市出口加工区更名为日照开发区。2002年2月，日照开发区更名为日照经济开发区。2003年7月，日照经济开发区生态工业园项目与天津经济开发区、四川泸州西部化工城 、上海化学工业园项目被选

入“中欧环境管理合作计划”项目。2004 年 12 月，日照经济开发区通过 ISO14001 环境管理体系认证正式审核，是山东省首家通过 ISO14001 环境管理体系认证的开发区和山东省首批 5 家科学发展示范区之一。2010 年，日照经济开发区升级为国家级经济技术开发区，被正式命名为国家生态工业示范园区。2014 年，被评为国家低碳工业园区试点单位、国家循环化改造示范试点园区。2016 年，被评为国家新型工业化产业示范基地。日照经济技术开发区积极构建“小、中、大”循环，改造形成滨海临港经济技术开发区绿色创新系统。

一、构建“小、中、大”循环，改造形成的滨海临港经济技术开发区绿色创新系统模式的特征与形成机理

（一）形成以汽车制造业、造纸及纸制品业、粮油加工业等为主体的开放型生态产业体系和“小、中、大”循环，低碳经济发展水平较高

日照经济技术开发区发挥临港优势，积极发展临港产业，并在构建企业内部小循环的基础上，建立企业间中循环和社会大循环，初步形成以汽车制造业、造纸及纸制品业、粮油加工业等为主体的循环型产业集群。目前，开发区已有 60 多家企业形成企业内部小循环，与开发区外 30 多家企业建立企业间循环，形成开放生态产业体系和“小、中、大”循环模式。

亚太森博浆纸有限公司、山东洁晶集团股份有限公司、日照益康有机农业科技发展有限公司、日照华东酒业有限公司、日照市凌云海糖业集团有限公司、山东新良油脂有限公司、日

照邦基三维油脂有限公司、山东日照尧王酒业集团有限公司、山东鼎新电子玻璃集团有限公司等企业积极发展循环经济，构建循环型产业链。

开发区倡导政府机关实施绿色采购，优先使用节能、环保产品。开发区建成城市污水处理厂 3 个、工业废水处理中心 1 个和每日 4 万吨中水处理设施 2 个，绿色学校 5 所、绿色社区 3 个、环境教育基地 1 个和市级生态村 38 个。

开发区重视生态修复和发展低碳经济。实施河道封采、植被恢复、退耕还湿、退渔还湿等生态工程，对占开发区 1/3 的地区进行保护，以改善区域生态环境质量。2009 年，实现 CO_2 减排 180 万吨；2011 年，实现 CO_2 减排 220 万吨。

截至 2018 年 5 月，开发区共申请专利 1 300 多件，授权 900 多件；拥有山东省知识产权示范企业 2 家、山东省知识产权优势企业培育 7 家和日照专利示范企业 13 家。

开发区比较重视生态型动脉产业技术创新。2009 年，日照三猫电子科技有限公司研发手机视频监控防盗报警系统，并成为国内生产该类产品的第一家企业；2013 年，公司研发的液晶触屏一体机已投放市场；拥有 24 项国家技术专利和 6 项自主研发智能高端技术。2013 年 6 月，山东华信电器有限公司研发的电流互感器正式投入运营。2014 年，山东双港活塞股份有限公司研发的“铝活塞用高性能低成本含硼铸铁耐磨镶圈材料”获国家火炬计划立项，承担的“高档活塞规模制造高效柔性加工生产线研制及示范工程”被列入国家高档数控机床与基础制造装备科技重大专项项目，研发 60 多种新产品。山东金马工业集团股份有限公司承担的汽车发动机连杆、汽车吸能式转向系统关键零部件等项目分别被列入国家工信部、发展改革委专项项目。山东洁晶集团股份有限公司研发的藻酸丙二醇脂制备新工艺技术成为国内第一条年产 800 吨藻酸丙二醇脂生产线项目。山东创泽信息技术股份有限公司因研发智能机器人“创创”，在 2016 年全国工程机器人大赛上获“最佳机器人设计奖”。开发区建设日照软件园，发展电子信息和软件产业。日纳科技集团开发的净水设备等 6 种新产品填补国内空白。日照华轩新能源有限公司成功开发磷酸铁锂正极电池材料。

（二）高等院校、研究机构根据开发区企业需求设立研究所和专业，企业主要以与区外研究机构、高等院校共同建立研发机构、中试合作基地和科技成果转化基地、产业技术创新战略联盟等方式开展绿色技术合作创新

开发区建立省级工程技术研究中心 5 家、市级工程技术研究中心 22 家、市级重点实验室 2 家、博士后工作站 2 家、院士专家服务中心 1 家、院士专家工作站 6 家和省级科技孵化器 1 家。曲阜师范大学在开发区设立物流研究所，山东华信工贸有限公司作为主投资方的山东外国语职业学院开设物流专业，为开发区发展现代物流业提供技术服务和培养人才。

2010 年 6 月，日照市水产研究所、日照市水产集团总公司、山东洁晶集团股份有限公司 3 家海洋产业龙头企业与科研单位牵头，联合 8 家国家、省海洋（生物）科研机构、高校与市内外 22 家企业签署联盟成立协议，组建水产养殖、海洋食品加工、海藻加工 3 个产业技术创新战略联盟。

山东万润工程科技有限公司与中国科学院签订合作协议共建博士后科研工作站，与河海大学签订科技成果转化基地；山东洁晶集团股份有限公司与中国科学院海洋研究所、中国海洋大学、山东大学等研究机构、高等院校建立密切合作关系，成为中国海洋大学水产学院、青岛科技大学材料与环境学院董事单位和中国科学院海洋研究所中试合作基地，2015 年 12 月，山东洁晶集团股份有限公司院士专家工作站通过山东省科学技术协会验收并批复成立；山东金马工业集团股份有限公司与山东大学、北京机电研究所、青岛科技大学等进行产学研合作，如与山东大学合作建立热模煅技术研究中心，先后获中国机械工业科学技术三等奖、山东省科学技术二等奖、日照市科学技术一等奖；日照爱康健身器材有限公司与上海体育学院合作建立健身器材研究中心；山东中泰阳光电气科技有限公司与西安交通大学合作建立超高压电力冷缩设备实验室；山东双港活塞股份有限公司与北京科技大学新金属材料国家重点实验室合作开发“镍铁合金中镍中锰耐磨镶圈”，采用从镍矿中直接提炼镍铁合耐磨金，改进镶圈的标准成分，在不改变产品固有性能的前提下，使生产耐磨镶圈的成本大大降低；日照华轩新能源有限公司与山东科技大学共建重点实验室，合作开发磷酸铁锂正极电池材料。

（三）中介服务机构较齐全，循环经济促进中心等绿色中介服务机构建设不足

开发区中介服务机构主要包括生态企业协会、企业家联谊会、科技孵化中心、小微企业金融服务中心、中小企业公共服

务中心、产业技术创新战略联盟等。

2003年7月，日照经济开发区成立全国第一家生态企业协会——日照经济开发区生态企业协会。该协会定期召开联席会议，开展可持续发展、循环经济、清洁生产等方面的培训交流活动，加强产业、企业间协调合作，指导企业开展清洁生产审计试点。2007年4月，日照经济开发区成立高新技术园。高新技术园主要包括日照外来人才创业园、日照留学人员创业园、日照华侨华人创业园、日照高新技术创业服务中心等。围绕新能源、电子信息、节能环保、新材料等产业，建立日照软件园、日照纳米材料研发基地、日照节能新材料研发基地等产业发展服务平台。

2012年5月，开发区科技孵化中心一期工程总投资1.2亿元的科技孵化楼建成启用，设有200多间孵化办公室，5个公共会议室，1个多功能展厅，1个汇集金融、财会、法律、知识产权等领域的创业服务超市，可以满足种子期、成长期孵化企业的孵化办公、科技研发、产权交易、产品展示、信息共享等需求。开发区人才创业服务中心联合日照欧信信息技术有限公司投资100多万元建设由集成电路设计服务平台与电子产品测试服务平台组成的电子信息产业公共技术服务平台。科技孵化中心先后被授予省级软件园、山东省中小企业创业辅导基地、省级电子信息产业园、青年创新创业服务基地。2012年12月，日照市小微企业金融服务中心正式启用，成为开发区小微企业的金融信息公共服务平台、资本市场对接服务平台、融资服务平台、金融创新平台和金融宣传平台。工商银行、农业银行、中国银行、建设银行、交通银行、招商银行、兴业银行、日照银行、日照市信用担保公司等金融机构设立服务窗口，为开发区小微企业提供融资服务。

2013 年 5 月，开发区中小企业公共服务中心成立，为开发区中小微企业提供银行贷款、保险业务、融资担保、代理会计记账、产权评估、公证服务、法律事务、创业咨询、就业指导等服务平台。

（四）政府积极推动日照经济技术开发区绿色创新系统发展

1. 制订和实施开发区生态工业示范园区建设规划。2006 年 8 月，《日照经济开发区国家生态工业示范园区建设规划》通过原国家环保总局组织的专家评审。

2. 扶持构建“小、中、大”循环与发展低碳经济。建立生态工业网站，设立循环经济项目库。坚持绿色招商，倡导政府机关实施绿色采购和生态环境治理工程等，促进“大循环”与低碳经济发展。

3. 扶持孵化器建设。开发区加强专业科技孵化平台建设，围绕电子信息、节能环保、新材料、新能源等产业建立产业发展服务平台。2007 年 4 月，开发区建立高新技术园。2012 年 5 月，开发区以人才创业服务中心机构设立为契机，建设总建筑面积 3.1 万平方米的科技孵化中心，引进和培育高新技术项目。2012—2015 年，19 个项目入驻科技孵化中心孵化。

4. 优化开发区绿色创新环境。

（1）优化开发区绿色创新制度环境。健全领导和管理机制，严格环境执法检察。建立公安、环保联勤联动工作机制和环境违法案件移交、移送、移办制度，联合公安部门对非法小电镀加工厂进行取缔；通过限期治理、行政处罚等方式，督促存在噪声扰民等问题的企业落实整改措施。2016 年 5 月，研究出台《日照经济技术开发区科技与人才扶持政策（试行）》，对企业引进新技术、科技创新转型升级、高科技创业、建设独立研发机构等给予 1 000 万元重点扶持。

（2）优化开发区绿色创新资金环境。日照经济技术开发区设立高新技术和战略性新兴产业发展基金、创业投资引导资金、创业投资贴息资金，对开发区高新技术产业、现代物流业、节能减排产业等进行扶持。积极争取上级政府资金支持，引导开发区企业进行自主研发和技术革新，如抓住国家扶持水利建设、节能减排等政策机遇，成功创建傅疃河国家级湿地公园、国家级低碳工业示范园区、国家级循环化改造示范园区，对上争引扶持资金 1.03 亿元；2013 年，山东洁晶集团股份有限公司高档海藻酸钠印染助剂产品开发及研制产业化项目获山东省自主创新专项计划扶持资金 1 500 万元，开发区共争取科技项目扶持资金 2 300 万元。2000 年 2 月，成立韩国工业园，积极引进韩资；2006 年 6 月，韩国工业园被山东省外经贸厅批复为省级韩国工业园。开发区发挥临港滨海优势，通过做好宣传推介、“走出去”重点捕捉商机和跟踪收集重点招商信息、抓好外资项目签约落地、优质高效服务外企，积极引进外资；如 2014 年，开发区引进世界 500 强企业项目 1 个，实际利用外资 3.2 亿美元，占日照市利用外资总额 90% 以上。2016 年，设立 3 000 万元高新技术产业发展基金。

（3）优化开发区绿色创新人力资源环境。开发区人才创业服务中心加强博士后工作站和院士专家工作站建设，设立博士后创新实践基地，成立“海洋人才俱乐部”，吸引创新人才。出台引进人才奖励政策，实施“三高人才”计划，鼓励企业招才引智，对纳入泰山学者计划、国家千人计划的引进人才给予财政奖励，并解决好人才居住、研发、生活、子女上学等问题。2015 年，开发区引进高层次创新创业团队 5 个、泰山学者蓝色计划专家和国家千人计划专家 2 人、高端技术 23 项。完善高技能人才培养体系，实行定向订单培训；依托高等院校、研究机构、上级业务部门等开展人才业务培训。

（4）优化开发区绿色创新自然资源与“废物”环境。2014 年，开发区实施包括崮河流域污染综合整治工程、北京路南段区域粉尘污染综合整治工程、油脂异味治理提升改造工程、建材工业园粉尘污染综合整治工程、城区扬尘治理工程、工业企业大气污染治理工程、临沂路污水管网建设工程的 7 项环保重点治理工程，工程总投资 5.7 亿元。

（5）优化开发区绿色创新基础设施环境。截至 2015 年 1 月，开发区建成 3 座城市污水处理厂、1 个工业废水处理中心、2 个每日 4 万吨中水处理设施。

（6）优化开发区绿色创新社会文化环境。2000 年，日照市正式确立“港口立市、工业强市、科教兴市、生态建市”发展战略。2010 年 8 月，成功创建国家生态工业示范园区以来，开发区坚持“项目低碳化、经济循环化、园区生态化”理念，加强宣传引导，强化生态文明理念。

二、构建“小、中、大”循环，改造形成的滨海临港经济技术开发区绿色创新系统模式的经验、教训

（一）经验

1. 发挥临港优势，积极发展临港产业，构建开放型生态产业体系和“小、中、大”循环，重视发展低碳经济。

2. 开展生态型动脉产业技术创新，积极引进静脉产业技术，构建区域循环经济链网。

3. 高等院校、研究机构根据开发区企业需求设立研究所和专业，企业主要以与区外研究机构、高等院校共同建立研发机构、中试合作基地和科技成果转化基地、产业技术创新战略联盟、博士后工作站、院士专家工作站等方式开展绿色技术合作创新。

4. 建立新能源、电子信息、节能环保和新材料等产业发展服务平台、生态企业协会等绿色中介服务机构。

5. 树立生态建设理念，成立生态工业示范园建设领导小组，建立公安、环保联勤联动工作机制与环境违法案件移交、移送、移办制度，严格环境执法检察。采取多种措施，较全面地优化区域绿色创新环境。

（二）教训

1. 忽视物流业、餐饮业等服务业和建筑业发展循环经济，忽视开发区土地资源循环利用、生产产品消费后产生废弃物的再利用与再循环。

2. 对生态型动脉产业技术创新重视不够，忽视静脉产业技

术创新，没有制定专门的绿色技术创新扶持政策。对绿色经济教育培训机构、绿色产业集群发展联盟、绿色经济促进中心、再生资源生产力促进中心、废物交易市场等绿色中介服务机构建设重视不够。

3. 对知识和技术创造、创新网络各结点之间相互作用过程中消耗物质和能量的减量化、再利用和再循环重视不够。

第五节　以海洋产业绿色创新为特色，改造形成的滨海临港经济技术开发区绿色创新系统模式

2010 年 4 月，山东潍坊滨海经济技术开发区获批国家级经济技术开发区，是全国最大生态海洋化工生产和出口创汇基地，被评为国家科技兴贸创新基地、国家园区循环化改造示范试点园区、全国科技兴海示范区、国家职业教育创新发展试验区、国家生态工业示范园区、国家产城融合示范区、环渤海高端装备制造产业基地。2011 年 1 月，随着山东半岛蓝色经济区发展战略实施，潍坊滨海经济技术开发区被列入国家海洋经济新区。2017 年，被科技部认定为国家火炬潍坊滨海海洋化工特色产业基地。2018 年 2 月，被山东省海洋与渔业厅、发展改革委、科技厅评为首批山东省科技兴海产业示范基地。潍坊滨海经济技术开发区已经形成以海洋产业绿色创新为特色的滨海临港经济

技术开发区绿色创新系统。

一、以海洋产业绿色创新为特色，改造形成的滨海临港经济技术开发区绿色创新系统模式的特征和形成机理

（一）形成以海洋化工和石油化工产业、绿色能源产业、先进制造业等为主体的生态产业体系

潍坊滨海经济技术开发区主要由“一城四园”组成。

生态化工产业园主要发展海水综合利用、盐碱化工等循环型的海洋化工、石油化工和海洋生物制药业，形成“一水六用、动脉扩张、静脉串联、动静耦合”的海洋化工和石油化工产业循环经济发展模式。其中，山东天维膜技术有限公司拥有国内第一条具有自主知识产权的双极膜生产线，双极膜将盐变成酸与碱，实现循环利用与化工流程再造，在海水淡化、物料脱盐、有机酸生产、工业废酸废碱回收利用等领域有很高的应用价值。

绿色能源产业园主要发展风电、光伏太阳能发电等新能源项目如国电集团潍坊滨海风电项目、华能潍坊风电项目、中海油潍坊滨海风电项目，大力发展地热、太阳能、风能等可再生能源产业，形成绿色能源产业链，建设国家可再生能源示范区。

先进制造业产业园主要发展机械电子、装备制造、新材料等产业项目，如以现代化总装造船和船舶发动机、零部件为主的海洋装备制造产业链、新能源汽车、工业机器人、潍坊歌尔电子等项目。瑞驰汽车公司掌握多项汽车生产研发的专利技术，独创研发生产模式，加快知识产权转化，成为集汽车研发设计、生产组装为一体的新能源汽车企业。潍柴动力股份有限公司积

极推进柴油机回收再制造，截至 2014 年 11 月共节约金属 2.3 万吨。潍坊海领船舶公司专业从事拖船、矿砂机械、挖泥船等产品的设计、施工和制造，产品畅销国内 20 多个省市，与巴西、乌克兰、阿根廷等 10 多个国家外贸公司签署一级代理协议。

海港物流园已有森达美物流、海正物流等项目。海港物流园潍坊景世乾太阳能发电项目是山东省最大太阳能光伏发电站，形成集旅游、养殖于一体的渔光互补项目。

位于科教创新区的潍坊皓天化纤公司 25 万吨/年涤纶瓶片废料纺丝项目主要以废瓶片为原料生产涤纶纤维。潍坊金信达生物化工有限公司餐厨废弃物资源化利用和无害化处理项目日处理 200 吨餐厨废弃物。

2017 年，潍坊滨海经济技术开发区高新技术产业产值占规模以上工业产值比重达 45.7%，被科技部认定为国家火炬潍坊滨海海洋化工特色产业基地。

开发区重视静脉产业技术创新和进行生态型动脉产业技术创新，区内 60% 以上企业建立研发中心和实验室。潍坊联兴新材料科技股份有限公司研发低温烟气海水淡化技术，将锅炉燃烧产生的低温排空废气余热回收，与海水淡化装置结合，采用多效蒸馏法淡化海水，水质优于国家饮用水标准。海化集团开发的综合利用制碱蒸氨废液生产氯化钙工艺，将制碱蒸氨废液全部利用，填补国际空白，氯化钙被广泛用作高速路、飞机场融雪剂；开发具有自主知识产权的电石泥替代石灰乳生产纯碱新技术，在国内率先实现纯碱、氯碱在产业链上的连接，实现电石泥废渣循环利用；将石油化工装置产生的 CO_2尾气用于纯碱生产。山东天维膜技术有限公司自主研发的酸碱分离技术可实现废液中碱、酸回收利用，在废碱、废酸、高盐废水处理中有重大应用价值。潍坊联兴炭素有限公司“罐式煅烧炉高温煅后焦余热利用关键技术研发与应用”项目获山东省科技进步一等奖。山东省潍坊众和生物肥料有限公司依托中国农业科学院农业资源与农业区划研究所技术建设生物肥料研制开发项目，成为国内重要新型肥料研发、生产基地。固高科技有限公司联合山东潍坊帅克机械有限公司与香港科技大学、哈尔滨工业大学、深圳研究生院等高等院校、研究机构投资建设的华创工业机器人制造项目主要研发制造工业机器人整机、医疗保健机器人等现代机器人核心零部件。

（二）积极引进职教院校等研究机构与高等院校，建设科教创新区和绿色学校

开发区缺乏高等院校，因此，规划建设科教创新区。根据产业发展需求，引进潍坊职业学院、山东信息职业技术学院、山东海事职业学院等 10 多所高等院校和山东理工大学潍坊节能减排技术研究院等研究机构，山东理工大学潍坊节能减排技术研究院由潍坊市政府与山东理工大学共同组建，研究院设于潍坊联兴新材料科技股份有限公司。开发区倡导建设绿色学校，如建设先进供暖系统——地源热泵系统的潍坊职业学院滨海校区成为冬暖夏凉的节能环保型大学校园。各院校、研究机构共享师资、课程、网络信息、实习设备等创新资源。截至 2018 年 6 月，潍坊滨海经济技术开发区依托潍坊职业学院、山东省海

洋化工科学研究院等建设蓝色经济研发中心等十大公共研发平台，其中，山东省海洋化工科学研究院主要以海水、地下卤水为研究对象，重点进行海卤水中化学元素的提取与海洋精细化工产品研发；潍坊滨海经济技术开发区已拥有科研院所、科技创新中心、企业技术中心等各类研发机构152家、产业技术联盟4家和院士工作站4家。2018年6月，潍坊市与心怡科技股份有限公司签署战略合作框架协议，在潍坊滨海经济技术开发区共建山东海洋技术大学。

开发区产学研合作创新取得一定成效。如潍坊联兴炭素有限公司与山东理工大学联合完成的“罐式煅烧炉高温煅后焦余热利用关键技术研发与应用”项目是炭素行业重大科技成果，获山东省科技进步一等奖。山东天一化学股份有限公司与山东省海洋化工科学研究院共同承担的山东省自主创新成果转化重大专项“卤水资源高效利用及创新产品关键技术研发与产业化”项目顺利通过山东省科技厅组织的验收。潍坊联兴新材料科技股份有限公司与山东理工大学的产学研合作项目“兰炭干熄及余热利用关键技术与设备开发”达到国际领先水平，通过潍坊市科学技术局组织的成果鉴定。

（三）中介服务机构较齐全，自然资源与环境产权交易市场、绿色产业集群发展联盟等绿色中介服务机构发展滞后

开发区中介服务机构主要包括高新技术创业服务中心、生产力促进中心、金融机构、中小微企业孵化基地、技术创新战略联盟、新能源产学研培训中心、律师事务所、渔业协会等。

开发区积极引进金融机构。截至2013年12月，开发区金

融机构总数达23家，形成以银行为主体，保险、证券、融资担保、小额贷款等金融机构多元发展的金融组织体系。

2014年1月，潍坊滨海生产力促进中心成立。

位于山东海洋科技大学园的华尚科技园是开发区中小微企业孵化基地，总建筑面积80万平方米，是集金融、人才培训、商务外包、创意科研、生产加工等于一体的科技孵化器，按照科技部的科技孵化器建设标准要求，建设民营科技孵化器，用三级孵化体系、三维孵化保障和65项软服务打造12个服务平台。

截至2016年7月，开发区成立海洋装备制造、生物医药、海洋化工、海水综合利用与新能源研发等6个技术创新战略联盟。位于科教创新区的潍坊滨海新能源产学研培训中心是集教学、培训、研发、生产、设计、施工、服务于一体的新能源产学研培训基地。

（四）政府是潍坊滨海经济技术开发区绿色创新系统发展的重要推动者

1. 开发区强化“蓝色、高端、高效、生态”理念，积极对接山东半岛蓝色经济区发展规划与黄河三角洲高效生态经济区发展规划，制订和实施开发区“一城四园”总体规划与各类专项规划。

2. 实施重大项目带动战略，重点引进、培育和发展一批带动力强的大型企业和龙头项目，促进绿色海洋产业集群发展。如依托中化弘润石化、中海油石化盐化一体化等项目，促进循环型海洋化工和石油化工产业集群发展；依托国电集团潍坊滨海风电项目，积极发展风电、风电设备制造研发，促进风能产业集群发展。

3. 扶持生产力促进中心、华尚科技园（中小微企业孵化基地）、蓝色经济研发中心及下属10个公共研发平台等中介服务机构建设。

4. 优化开发区绿色创新环境。

（1）优化开发区绿色创新自然资源与“废物”环境。开发区积极推进国家生态工业示范园区建设。建设沿海防护堤，实施白浪河、弥河、南一横水系综合改造，加快滨海生态林、沿海防护林建设。与山东省林业科学研究院等研究机构合作，培育耐盐碱苗木，已成功培育盐松、耐碱杨、龙柏、竹柳等耐盐碱植物，形成45万平方米的绿化面积。在沿海防护林，形成盐松幼苗培育、沙柳种植、红花柽柳幼苗种植、盐松大苗种植4个板块和耐盐碱植物带。

（2）优化开发区绿色创新制度环境。建立环保网格化管理体制，落实“三级联审、七项评估”，提高项目准入门槛。制定土地优惠政策，吸引高等院校和研究机构；2012年，土地政策规定教育、科研项目用地价格为每亩3万元，低于其他产业用地价格。制定绿色产业政策，重点引进低碳经济、生态环保、先进制造业、科教产业等现代服务业、改善民生等领域的项目。坚持宁可让土地暂时闲置，也不允许关联性低、与循环经济发展方向相背的企业进入，开发区建设项目环评执行率和“三同时”执行率均达100%，给予符合准入条件、达到建设要求的项目环保、技改、节能等方面投入经费补助。

（3）优化开发区绿色创新资金环境。自 2017 年 8 月起，潍坊滨海经济技术开发区每年最少安排 1 000 万元科技专项资金，支持企业科技创新与成果转化。

（4）优化开发区绿色创新基础设施环境。开发区除不断完善港口等传统基础设施外，加强生态基础设施建设，积极建设环境监测站、二氧化硫与化学需氧量在线监测系统、生态工业示范园区综合信息系统、城镇污水处理厂、危废处理中心和沿海防护堤。

（5）优化开发区绿色创新社会文化环境。加强循环经济与低碳经济理念宣传教育，将循环经济与低碳经济知识纳入公众培训工程。宣传开发区在循环经济与低碳经济等方面涌现的先进典型，倡导低碳消费，提高开发区全民生态意识。

二、以海洋产业绿色创新为特色，改造形成的滨海临港经济技术开发区绿色创新系统模式的经验、教训

（一）经验

1. 建设沿海防护堤，利用沿海盐碱滩涂，建设开发区，节约优质土地资源。

2. 发挥自然资源优势和区位优势，重点发展海洋产业；根据循环经济和低碳经济理论，进行生态型动脉产业技术创新与静脉产业技术创新，构建闭环型创新链。

3. 为弥补开发区缺乏高等院校、研究机构的劣势，规划建设科教创新区，制定优惠政策，根据产业发展需求，引进职教院校，为企业提供对口的专业人才和职工培训。建设绿色学校，

科教创新区各院校、研究机构共享师资、课程、网络信息、实习设备等创新资源，节约资源和保护生态环境。

4. 强化“蓝色、高端、高效、生态”理念，有利于开发区海洋产业绿色创新。

5. 采取多种措施，如制定土地优惠政策吸引高等院校、研究机构进入科教创新区，较全面地优化开发区绿色创新环境。

（二）教训

1. 对生态型动脉产业技术创新重视不够，没有制定专门的绿色技术创新扶持政策。

2. 对知识和技术创造、区域创新网络各结点之间相互作用过程中消耗物质和能量的减量化、再利用、再循环重视不够，忽视开发区生产产品消费后产生废弃物的再利用和再循环。

3. 除建设新能源产学研培训中心等外，忽视绿色经济促进中心、再生资源交易市场、绿色产业集群发展联盟、自然资源与环境产权等产权交易市场等绿色中介服务机构建设。

4. 开发区引进的高等院校多为职教院校，缺乏高水平研究机构和高等院校，对绿色创新人力资源环境建设重视不够。

第五章　山东半岛城市群绿色创新系统发展及其空间结构演化研究

第一节　城市群绿色创新系统评价指标体系构建

一、城市群绿色创新系统评价指标体系构建原则

（一）“6R”与导向性原则

根据循环、低碳和绿色发展理论，城市群绿色创新系统必须遵循“6R”原则，在选择评价指标时，应突出体现“6R”原则指标在评价指标体系中的地位、作用。城市群绿色创新系统评价指标体系要具有导向性，引导城市群的循环、低碳和绿色发展。

（二）系统性与层次性原则

根据演化经济学理论，城市群绿色创新系统评价指标体系应能够反映城市群绿色创新系统的系统性与层次性。如城市群创新系统与循环、低碳、绿色发展的融合，城市群绿色创新网

络与城市群绿色创新环境的协调，城市群经济效益、社会效益与生态效益的协调，城市之间和城乡之间绿色创新的协调。

（三）动态性与稳定性原则

城市群是社会经济发展到工业化后期阶段的产物，具有阶段性。因此，城市群绿色创新系统评价指标体系应充分考虑城市群绿色创新系统的动态性与稳定性，如城市群绿色创新系统的演化。

（四）城市群差异性原则

由于城市群之间、城市之间和城乡之间的自然、社会和经济条件存在差异，城市群之间、城市之间和城乡之间绿色创新存在差异性，必须根据城市群实际情况设计城市群绿色创新系统评价指标体系，确定科学合理的评价指标权重。

（五）全面性、主成分性与独立性原则

评价指标要反映城市群绿色创新系统各领域的状态，既要反映城市群创新，又要反映城市群循环、低碳和绿色发展，既要反映城市群创新带来的经济效益，又要反映城市群创新带来的社会效益和生态效益；根据变量重要性和对城市群绿色创新系统的贡献率，筛选出能表征城市群绿色创新系统本质行为的最主要成分变量。由于往往存在指标间信息重叠，评价指标应尽可能具有相对独立性。

（六）可测性和可比性原则

城市群绿色创新系统评价指标应该具有可测性和可比性，便于城市群绿色创新系统的横向比较和纵向比较。

（七）科学性与实用性原则

城市群绿色创新系统评价指标体系权重确定以及数据的选取、计算与合成等要依据公认的科学理论与方法，并充分考虑指标的可操作性、实用性。如部分循环经济指标虽然具有科学性，但由于目前无法获取数据，也不能作为城市群绿色创新系统的评价指标。

二、城市群绿色创新系统评价指标体系

根据城市群绿色创新系统的概念和基本特征、演化机理，遵循以上原则，结合山东半岛城市群绿色创新系统指标获取的实际情况，构建山东半岛城市群绿色创新系统评价指标体系（见表5-1）。

表5-1　山东半岛城市群绿色创新系统评价指标体系

准则层	指标层	指标单位	属性
绿色创新经济效益指标	高新技术产业产值占工业总产值比重	%	+
绿色创新社会效益指标	人均收入	元	+
	失业率	%	-
	城乡收入水平差异	/	-
绿色创新资源能源效益指标	单位工业增加值能耗	吨标准煤/万元	-
	煤炭占能源消费比重	%	-
	单位GDP能耗	吨标准煤/万元	-
	单位GDP用水量	吨/万元	-
	单位工业增加值用水量	吨/万元	-
绿色创新生态环境效益指标	单位工业GDP废气排放量	吨/亿元	-
	建成区绿化覆盖率	%	+
	单位GDP二氧化碳排放量	吨/万元	-

续表

准则层	指标层	指标单位	属性
绿色创新生态环境效益指标	单位 GDP 废水排放量	吨/万元	-
	单位 GDP 工业固体废物排放量	吨/万元	-
	生活污水处理率	%	+
	垃圾无害化处理率	%	+
	工业固体废物处置率	%	+
	环境空气质量优良率	%	+
绿色知识和技术创新指标	研发经费占 GDP 比重	%	+
	科技人员占就业人数比重	%	+
	绿色发明专利	件	+
	绿色实用型专利	件	+
	绿色专利授权	件	+
	国家级生态产业园数量	个	+
	省级生态产业园数量	个	+
	国家级高新技术产业开发区和经济技术开发区数量	个	+
	省级高新技术产业开发区和经济技术开发区数量	个	+
	每百万人中大学生在校人员数量	人	+
	拥有绿色创新相关学科高等院校数量	个	+
绿色创新制度指标	是否出台绿色创新政策	个	+
	节能环保支出占公共财政支出比重	%	+
绿色创新文化指标	万人拥有图书馆藏书量	册/万人	+
绿色经济特征指标	工业固体废物综合利用率	%	+

注：指标属性中，“+”代表正向指标，“-”代表负向指标。

第二节　山东半岛城市群绿色创新系统发展及其空间结构演化

一、评价方法

（一）综合评价方法

运用熵值法对山东半岛城市群绿色创新系统的综合水平进行评价，计算步骤如下：

1. 判断正负向指标，对原始数据进行归一化处理，消除单位和量纲不同带来的影响：

正向指标：$x_{ij} = \dfrac{x_{ij} - \min(x_{ij})}{\max(x_{ij}) - \min(x_{ij})}$

负向指标：$x_{ij} = \dfrac{\max(x_{ij}) - x_{ij}}{\max(x_{ij}) - \min(x_{ij})}$

2. 计算 i 地区的第 j 个指标的比重：

$$p_{ij} = \frac{x_{ij}}{\sum_{i=1}^{n} x_{ij}}$$

3. 计算第 j 项指标的熵值 e_j 和变异系数 g_j：

$$e_j = -K\sum_{i=1}^{m} p_{ij} \ln p_{ij}$$

$$g_j = 1 - e_j$$

4. 确定权重：

$$w_j = \frac{g_j}{\sum_{i=1}^{n} g_j}$$

（二）空间结构评价方法

首先，利用 ArcGIS10.2 软件对山东半岛城市群绿色创新水平及演变进行可视化分析，探讨其空间分异格局；其次，利用核密度分析法，探讨 2002—2018 年山东半岛城市群绿色创新空间集聚与扩散；然后，利用空间重心和标准差椭圆模型，研究山东半岛城市群绿色创新的空间分布方向和重心转移轨迹；最后，运用引力模型、断裂点公式，研究山东半岛城市群绿色创新的空间关联格局。具体计量模型如下：

1. 核密度分析方法

核密度分析可以反映区域内要素分布密度在空间上的特征和演变，利用高斯核函数对山东半岛城市群绿色创新空间集聚及其演变特征进行研究。公式为：

$$f(x) = \frac{1}{nh^d}\sum_{i=1}^{n} K\left[\frac{(x - x_i)}{h}\right]$$

其中，$K\left[\frac{(x - x_i)}{h}\right]$ 为核密度分析方程，x 代表网格中心的核密度，x_i为点核密度，h 代表阈值，n 表示阈值范围内的点数，d 代表数据维度。

2. 空间重心和标准差椭圆

空间重心可以表征绿色创新的空间结构及其演变特征，其移动方向表明高值空间集聚的转移，移动距离反映要素变化幅

度的空间差异。计算公式为:

$$x_t = \frac{\sum_{i=1}^{n} Q_i x_i}{\sum_{i=1}^{n} Q_i}, i = 1 \cdots n$$

$$y_t = \frac{\sum_{i=1}^{n} Q_i y_i}{\sum_{i=1}^{n} Q_i}, i = 1 \cdots n$$

其中,(x_t,y_t)为区域某要素的空间重心坐标,(x_i,y_i)为小区域内第 i 个城市的重心坐标,Q_i表示区域内第 i 个城市的绿色创新水平。

标准差椭圆重心代表城市群绿色创新空间分布的中心位置,标准差椭圆的长半轴和短半轴长度表示在轴方向上的集聚与扩散程度,扁率表征数据的方向性。方位角的变动表示绿色创新空间分布方向的变化,椭圆范围越小,意味着绿色创新的空间分布越接近重心。

3. 修正后引力模型

引力模型可以度量城市之间的绿色创新联系,通过对传统引力模型修正,分析山东半岛城市群城市之间绿色创新联系。公式为:

$$T_{AB} = K \frac{P_a P_b}{D_{AB}^2}$$

其中,用 T_{AB} 表示城市 A、B 的城市绿色创新联系强度;K 代表引力系数,理论上取为 1;P_a、P_b分别表示城市 A、B 的绿色创新水平值;D_{AB} 代表城市 A、B 间的最短时间距离。

用断裂点表示某城市与其他城市发生联系时的作用点，离断裂点越远的城市，其引力作用相对较大，从而可以判断城市间绿色创新联系的方向。断裂点公式为：

$$D_A = \frac{D_{AB}}{1 + \sqrt{M_B / M_A}}$$

$$D_B = \frac{D_{AB}}{1 + \sqrt{M_A / M_B}}$$

其中，D_A 表示断裂点到城市 A 的距离，D_B 表示断裂点到城市 B 的距离。

二、数据来源

数据主要来源于2002—2019年《山东统计年鉴》、2002—2019年《中国城市统计年鉴》、2002—2019年山东半岛城市群8地市统计年鉴和统计公报、国家统计局和各地市发展改革委等的网站统计数据，部分缺失数据用平均值法和插值法补齐。采用单位GDP能耗的转化公式估算各地市能源消耗的碳排放量，结合碳排放系数（2.54 CO_2/tce）估算能源消耗的碳排放总量。

三、山东半岛城市群绿色创新系统发展及其空间结构演化[①]

（一）整体水平的演变及其空间分异特征

根据熵值法计算结果（见表5-2），平均值由2002年的

① 本部分内容由慈福义与王中卿合作完成。

0.113 上升为 2018 年的 0.547，年平均增长率约为 23%，2002—2018 年山东半岛城市群绿色创新水平总体呈上升趋势。其中，青岛和济南的绿色创新水平位居前两位，处在遥遥领先的地位，日照的绿色创新水平最低，远低于平均水平。青岛和济南绿色创新水平增长幅度较大，分别由 2002 年的 0.147、0.127 增长为 2018 年的 0.781、0.743，超过平均增速；日照作为山东半岛城市群绿色创新水平最低的城市，增长幅度低于平均水平。

表 5－2　2002—2018 年山东半岛城市群绿色创新得分

地区	2002 年	2006 年	2010 年	2014 年	2018 年
济南	0.127418	0.183133	0.239768	0.441332	0.743358
青岛	0.147243	0.200402	0.258965	0.490379	0.781229
淄博	0.096231	0.127369	0.155651	0.215589	0.439546
东营	0.093613	0.125804	0.145015	0.255017	0.485602
烟台	0.114050	0.122741	0.168545	0.301191	0.538351
潍坊	0.131741	0.126418	0.155202	0.262314	0.508058
威海	0.132272	0.125608	0.158277	0.321073	0.516826
日照	0.064918	0.070462	0.099913	0.140978	0.364584
平均	0.113436	0.135242	0.172667	0.303484	0.547194

选取 2002 年、2006 年、2010 年、2014 年和 2018 年五个时间节点，运用 ArcGIS10.2 软件对山东半岛城市群绿色创新制作空间分布图。

根据绿色创新评价值，将山东半岛城市群绿色创新水平分为四个等级：低水平（0—0.2），较低水平（0.2—0.4），较高水平（0.4—0.6），高水平（0.6—0.8）。2002—2018 年，山东半岛城市群绿色创新存在区域差异，高水平城市、低水平城市较少，大多数属于较高水平和较低水平城市。自 2006 年起，8 个城市的绿色创新水平逐年提高；2018 年，青岛和济南绿色创新已经达到高水平。

为使分析更直观，本课题运用 Stata14. 0 软件得到 2002 年、2006 年、2010 年、2014 年和 2018 年山东半岛城市群绿色创新核密度曲线图（见图 5 – 1）。通过对图像进行分析可以得出：

（1）2002 年核密度曲线处于左偏态，2006 年以后的核密度曲线转向右偏态分布，表明山东半岛城市群绿色创新水平增长速度提高。

（2）与 2002 年相比，2018 年核密度曲线主峰值上升，主峰宽度减小，说明山东半岛城市群城市之间绿色创新水平差距趋于缩小；从 2006 年开始，随着绿色创新水平不断提高，呈现不太显著的两极化趋势，青岛和济南成为山东半岛城市群绿色创新系统中的两个创新极。

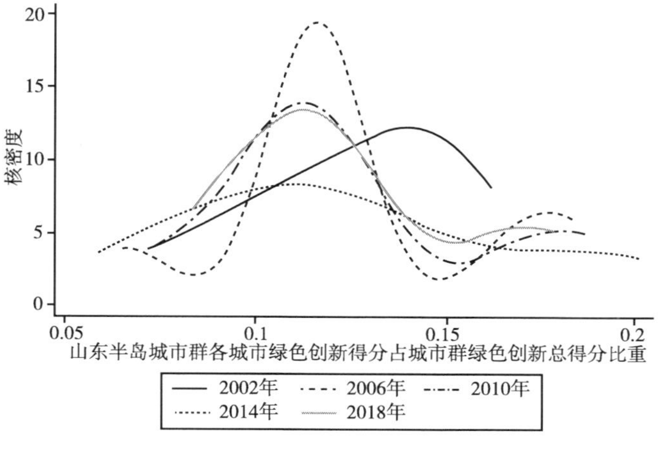

图 5 – 1　山东半岛城市群绿色创新核密度曲线图

（二）准则层指标水平的演变及其空间分异特征

分别对山东半岛城市群绿色创新各个准则层指标进行研究，分析其空间分异格局。

从绿色创新经济效益看，将总得分分为低水平（0—0.003），较低水平（0.003—0.006），较高水平（0.006—0.009），高水平（0.009—0.013）四个等级（见表5－3）。运用ArcGIS10.2软件进行可视化分析，根据表5－3和山东半岛城市群绿色创新经济效益空间分异格局图进行分析，山东半岛城市群绿色创新经济效益呈上升趋势，济南、青岛和烟台的绿色创新经济效益较高，日照的绿色创新经济效益远低于平均水平，位于8个城市中最低位。

表5－3　2002—2018年山东半岛城市群绿色创新经济效益得分

地区	2002年	2006年	2010年	2014年	2018年
济南	0.004652	0.006591	0.008756	0.008765	0.012164
青岛	0.007843	0.009387	0.010034	0.008566	0.010787
淄博	0.003620	0.005848	0.007970	0.006222	0.007779
东营	0.000576	0.002702	0.004971	0.007108	0.005626
烟台	0.002893	0.006243	0.009356	0.008559	0.009994
潍坊	0.000504	0.004207	0.006741	0.006203	0.009529
威海	0.002288	0.005348	0.007699	0.007865	0.009592
日照	0.000695	0.001386	0.003929	0.003482	0.003531
平均	0.002884	0.005214	0.007432	0.007096	0.008625

从绿色创新社会效益看，将总得分分为低水平（0—0.01）、较低水平（0.01—0.02）、较高水平（0.02—0.03）、高水平（0.03—0.04）四个等级（见表5－4）。根据表5－4和山东半岛城市群

绿色创新社会效益空间分异格局图分析，威海和东营的绿色创新社会效益一直处在山东半岛城市群的前两位；从增长速度看，济南绿色创新社会效益提升速度最快，其他城市稳中有升。按照时间节点分析，2002 年，威海和东营处在领先地位，济南的绿色创新社会效益最低，主要因为济南的失业率较高和城乡收入差距较大；2006 年、2010 年，随着失业率下降，济南、烟台和潍坊绿色创新社会效益有一定提升，但仍处于低水平或者较低水平；2010 年，淄博、青岛和日照绿色创新社会效益跃升到较高水平；2014 年，随着失业率和城乡收入差距的降低，济南和烟台的绿色创新社会效益跃升到较高水平；2018 年潍坊绿色创新社会效益跃升到较高水平，但与东营、威海两个高水平城市还有一定差距。

表 5-4 2002—2018 年山东半岛城市群绿色创新社会效益得分

地区	2002 年	2006 年	2010 年	2014 年	2018 年
济南	0.003730	0.007000	0.010538	0.026849	0.027772
青岛	0.010207	0.017363	0.021021	0.024602	0.026467
淄博	0.010781	0.018701	0.022608	0.027805	0.029148
东营	0.021372	0.025973	0.033947	0.039237	0.035924
烟台	0.010648	0.015439	0.016628	0.020437	0.025004
潍坊	0.011445	0.014649	0.015213	0.019367	0.021417
威海	0.026896	0.030731	0.034261	0.038220	0.036966
日照	0.009297	0.012333	0.020143	0.026792	0.026719
平均	0.013047	0.017774	0.021795	0.027914	0.028677

从绿色创新资源能源效益看，将总得分分为低水平（0—0.01）、较低水平（0.01—0.015）、较高水平（0.015—0.02）、高水平（0.02—0.026）四个等级（见表5－5）。根据表5－5和山东半岛城市群绿色创新资源能源效益空间分异格局图分析，东营一直处在领先地位，虽然有波动，总体上各城市绿色创新资源能源效益均有不同程度的提升；2014年，淄博、潍坊和青岛进入绿色创新资源能源效益第一梯队，2018年，济南进入绿色创新资源能源效益第一梯队；从提升速度看，淄博提升最明显。

表5－5　2002—2018年山东半岛城市群绿色创新资源能源效益得分

地区	2002年	2006年	2010年	2014年	2018年
济南	0.015340	0.015847	0.018392	0.019531	0.020300
青岛	0.015431	0.015691	0.017014	0.020175	0.021603
淄博	0.008663	0.015772	0.018175	0.020615	0.021803
东营	0.018088	0.021945	0.023665	0.025205	0.023831
烟台	0.013426	0.012474	0.015418	0.015739	0.017344
潍坊	0.015445	0.015592	0.018394	0.020147	0.020464
威海	0.014747	0.011947	0.012500	0.012315	0.013698
日照	0.009904	0.011734	0.014290	0.015747	0.017444
平均	0.013881	0.015125	0.017231	0.018684	0.019561

从绿色创新生态环境效益看，将总得分分为低水平（0.012—0.017）、较低水平（0.017—0.022）、较高水平（0.022—0.027）、高水平（0.027—0.032）四个等级（见表5－6）。根据表5－6和山东半岛城市群绿色创新生态环境效益空间分异格局图分

析，威海、青岛的绿色创新生态环境效益最高，烟台次之，济南、潍坊、淄博、日照和东营总体水平位于平均值之下，产生该结果的主要原因是污染物排放量和处理率以及空气质量的差异。

表 5-6　2002—2018 年山东半岛城市群绿色创新生态环境效益得分

地区	2002 年	2006 年	2010 年	2014 年	2018 年
济南	0.018717	0.023175	0.025770	0.024236	0.025929
青岛	0.022431	0.026726	0.027786	0.027889	0.028675
淄博	0.012239	0.021093	0.024582	0.023718	0.023453
东营	0.017371	0.024252	0.026293	0.024306	0.025298
烟台	0.022254	0.025766	0.027392	0.026962	0.026847
潍坊	0.021482	0.023412	0.019806	0.022446	0.025428
威海	0.024756	0.027395	0.028843	0.029480	0.028510
日照	0.016510	0.020859	0.023545	0.024144	0.025000
平均	0.019470	0.024085	0.025502	0.025398	0.026143

从绿色知识和技术创新看，将总得分分为低水平（0—0.05）、较低水平（0.05—0.2）、较高水平（0.2—0.35）、高水平（0.35—0.5）四个等级（见表 5-7）。根据表 5-7 和山东半岛城市群绿色知识和技术创新空间分异格局图分析，青岛和济南的绿色知识和技术创新水平高，远高于山东半岛城市群其他城市，主要因为青岛、济南的专利申请量和授权量、科技人员比重、每百万大学生在校人数和拥有绿色创新相关学科高校数量大。其他城市绿色知识和技术创新水平提升速度较快，但与青岛和济南绿色知识和技术创新水平的差距趋于扩大。

表 5-7　2002—2018 年山东半岛城市群绿色知识和技术创新得分

地区	2002 年	2006 年	2010 年	2014 年	2018 年
济南	0.066746	0.110360	0.151304	0.333168	0.411435
青岛	0.080629	0.119392	0.169559	0.394311	0.465168
淄博	0.056778	0.058596	0.071301	0.125065	0.137120
东营	0.032309	0.031682	0.046262	0.138853	0.160253
烟台	0.058918	0.052901	0.086103	0.213820	0.231899
潍坊	0.076090	0.060534	0.087650	0.183433	0.209862
威海	0.058612	0.041739	0.063501	0.213056	0.199667
日照	0.026837	0.016403	0.029629	0.061948	0.070567
平均	0.057115	0.061451	0.088164	0.207957	0.235746

从绿色创新文化看，将总得分分为低水平（0—0.006）、较低水平（0.006—0.013）、较高水平（0.013—0.02）、高水平（0.02—0.027）四个等级（见表 5-8）。根据表 5-8 和山东半岛城市群绿色创新文化空间分异格局图分析，济南绿色创新文化水平一直遥遥领先，主要由于济南人均拥有图书数量多，具有较高的文化底蕴；烟台、东营、日照和威海的绿色创新文化水平增速较大。

表 5-8　2002—2018 年山东半岛城市群绿色创新文化得分

地区	2002 年	2006 年	2010 年	2014 年	2018 年
济南	0.011911	0.013625	0.017563	0.020860	0.026152
青岛	0.003311	0.004510	0.005853	0.007832	0.009843
淄博	0.003144	0.003593	0.005220	0.005277	0.006891
东营	0.001018	0.013381	0.003606	0.012490	0.016781
烟台	0.002853	0.004672	0.008321	0.010948	0.014152

续表

地区	2002 年	2006 年	2010 年	2014 年	2018 年
潍坊	0.001095	0.001527	0.001748	0.003773	0.004821
威海	0.002180	0.002775	0.004457	0.013366	0.012782
日照	0.000058	0.000134	0.000353	0.001048	0.003526
平均	0.003196	0.005527	0.005890	0.009449	0.011868

从绿色经济特征看，将总得分分为低水平（0—0.002）、较低水平（0.002—0.004）、较高水平（0.004—0.006）、高水平（0.006—0.008）四个等级（见表 5－9）。根据表 5－9 和山东半岛城市群绿色经济特征空间分异格局图分析，济南和青岛的绿色经济特征水平较高，淄博和烟台的绿色经济特征水平较低，工业固体废物综合利用率差异是产生该结果的重要原因。

表 5－9　2002—2018 年山东半岛城市群绿色经济特征得分

地区	2002 年	2006 年	2010 年	2014 年	2018 年
济南	0.006322	0.006533	0.007446	0.007924	0.007204
青岛	0.007391	0.007333	0.007698	0.007004	0.006286
淄博	0.001005	0.003766	0.005794	0.006888	0.000952
东营	0.002880	0.005869	0.006272	0.007818	0.005488
烟台	0.003058	0.005246	0.005326	0.004726	0.000710
潍坊	0.005680	0.006498	0.005648	0.006945	0.004135
威海	0.002792	0.005674	0.007015	0.006771	0.003208
日照	0.001616	0.007613	0.008025	0.007818	0.005397
平均	0.003843	0.006067	0.006653	0.006987	0.004172

由于数据收集的限制，仅收集到 2007—2018 年绿色创新制度数据，选取 2007 年、2009 年、2012 年、2015 年、2018 年五个时

间节点进行分析。将总得分分为低水平（0—0.012）、较低水平（0.012—0.024）、较高水平（0.024—0.036）、高水平（0.036—0.048）四个等级（见表5-10）。根据表5-10和山东半岛城市群绿色创新制度空间分异格局图分析，淄博、潍坊、日照和威海绿色创新制度水平高；青岛的绿色创新制度水平较低，节能环保支出占公共支出比重较低是影响青岛绿色创新制度水平的重要原因。2007—2018年，青岛节能环保支出占GDP比重低，处于8个城市中最低水平，其中2015年青岛节能环保支出占GDP比重仅为0.6%。

表5-10　2007—2018年山东半岛城市群绿色创新制度得分

地区	2007年	2009年	2012年	2015年	2018年
济南	0.013726	0.023643	0.020969	0.028243	0.028681
青岛	0.003206	0.011019	0.020434	0	0.010615
淄博	0.008380	0.029099	0.025783	0.043114	0.042147
东营	0.016758	0.016154	0.019364	0.023750	0.032705
烟台	0.002306	0.014122	0.023536	0.015512	0.020369
潍坊	0.007455	0.021503	0.033164	0.035732	0.036898
威海	0.004247	0.021717	0.044505	0.042686	0.029588
日照	0.011652	0.024392	0.025462	0.031453	0.031283
平均	0.008466	0.020206	0.026652	0.027561	0.029036

各准则层指标水平虽然有波动，但总体上呈上升趋势。

（三）空间分布方向和重心转移

1. 整体水平的空间分布方向和重心转移

根据山东半岛城市群绿色创新地理重心与标准差椭圆图进行分析。从空间分布重心看，椭圆重心点经度位于119.30°E—

119.45°E，纬度位于36.76°N—36.78°N。椭圆重心的迁移方向一直发生变化，2002—2006年，椭圆重心向西南迁移17.69千米，迁移速度较快；2006—2010年，向东南迁移1.87千米，迁移速度较慢；2010—2014年，向东北迁移8.73千米；2014—2018年，向西南迁移6.59千米。从空间分布方向看，标准差椭圆的长轴呈东北—西南走向，在研究时段内方向未发生改变。从空间分布形态看，椭圆扁率从2002年的0.69波动减小为2018年的0.67，椭圆的扁率越来越小，椭圆形状趋于圆化，说明绿色创新的空间分布方向性越来越不明显。从长轴方向看，2002—2006年，长半轴长度减小，说明该时期绿色创新空间分布在东北—西南方向呈集聚趋势。2006—2014年，长半轴长度增大，尤其在2010—2014年明显增大，表明该时期绿色创新空间分布在东北—西南方向呈扩散趋势。2014—2018年，长半轴长度减小，表明该时期绿色创新空间分布在东北—西南方向呈集聚趋势。从短轴方向看，2002—2018年，短半轴长度增大，表明山东半岛城市群绿色创新空间分布在西北—东南方向呈扩散趋势。从方位角变化范围看，标准差椭圆的方向角度呈顺时针旋转，旋转幅度（单位略，下同）为0.81，旋转角度较大，表明西南地区城市拉动作用增强，主要原因是济南绿色创新水平提高。从分布范围变化看，2002—2018年，椭圆面积（单位略，下同）由4.58波动扩大为4.77，表明山东半岛城市群绿色创新空间分布总体趋于扩散（见表5-11）。

表 5－11　2002—2018 年山东半岛城市群绿色创新标准差椭圆参数分析

年份	重心位置	迁移方向	迁移距离（千米）	短半轴长度（千米）	长半轴长度（千米）	扁率	转角（°）	面积（万平方千米）
2002 年	（36.77°N，119.45°E ）	—	—	67.26	217.03	0.69	85.17	4.58
2006 年	（36.77°N，119.30°E）	西南	17.69	67.44	215.05	0.69	86.40	4.56
2010 年	（36.76°N，119.31°E）	东南	1.87	67.83	215.92	0.69	86.11	4.60
2014 年	（36.78°N，119.39°E）	东北	8.73	65.30	222.16	0.71	86.23	4.56
2018 年	（36.76°N，119.33°E）	西南	6.59	70.48	215.30	0.67	85.98	4.77

2. 准则层指标水平的空间分布方向和重心转移

2002—2018 年绿色创新准则层标准差椭圆参数分析见表 5－12。

表 5－12　2002—2018 年绿色创新准则层标准差椭圆参数分析

准则层	年份	重心位置		迁移方向	迁移距离（千米）	短半轴长度（千米）	长半轴长度（千米）	扁率	转角（°）	面积（万平方千米）
绿色创新经济效益	2002	36.71°N	119.37°E	—	—	50.02	223.07	0.78	86.59	3.50
	2006	36.78°N	119.46°E	东北	10.49	55.72	220.99	0.75	85.38	3.87
	2010	36.77°N	119.44°E	西南	2.57	64.36	218.55	0.71	84.73	4.42
	2014	36.82°N	119.42°E	西北	3.17	67.42	221.04	0.69	85.55	4.68
	2018	36.79°N	119.39°E	西南	3.71	60.65	225.23	0.73	85.13	4.29

续表

准则层	年份	重心位置		迁移方向	迁移距离（千米）	短半轴长度（千米）	长半轴长度（千米）	扁率	转角（°）	面积（万平方千米）
绿色创新社会效益	2002	36.90°N	119.83°E	—	—	78.27	216.07	0.64	85.76	5.31
	2006	36.86°N	119.70°E	西南	14.38	76.67	213.86	0.64	85.40	5.15
	2010	36.83°N	119.60°E	西南	11.97	82.65	211.96	0.61	85.49	5.50
	2014	36.80°N	119.40°E	西南	21.76	81.55	219.09	0.63	85.68	5.61
	2018	36.79°N	119.41°E	东南	1.44	79.58	217.68	0.63	85.25	5.44
绿色创新资源能源效益	2002	36.81°N	119.39°E	—	—	76.11	210.78	0.64	86.19	5.04
	2006	36.79°N	119.20°E	西南	20.91	78.62	198.97	0.60	86.87	4.91
	2010	36.78°N	119.18°E	西南	1.94	79.00	197.19	0.60	86.56	4.89
	2014	36.76°N	119.16°E	西南	2.60	79.07	193.15	0.59	86.91	4.80
	2018	36.75°N	119.20°E	东南	4.36	78.72	195.79	0.60	86.38	4.84
绿色创新生态环境效益	2002	36.77°N	119.57°E	—	—	74.40	214.30	0.65	84.17	5.01
	2006	36.76°N	119.46°E	西南	12.13	76.01	212.10	0.64	84.71	5.06
	2010	36.76°N	119.43°E	西南	3.16	77.41	214.41	0.64	84.77	5.21
	2014	36.75°N	119.46°E	东南	3.63	77.02	213.11	0.64	84.40	5.16
	2018	36.74°N	119.42°E	西南	4.29	77.25	210.91	0.63	84.62	5.12
绿色知识和技术创新	2002	36.75°N	119.41°E	—	—	61.05	214.46	0.72	84.93	4.11
	2006	36.73°N	119.17°E	西南	26.80	54.96	216.35	0.75	87.20	3.73
	2010	36.74°N	119.24°E	东北	8.40	57.56	216.70	0.73	86.79	3.92
	2014	36.78°N	119.41°E	东北	18.35	59.02	224.74	0.74	86.45	4.17
	2018	36.77°N	119.31°E	西南	10.88	59.20	221.53	0.73	86.99	4.12
绿色创新文化	2002	36.80°N	118.58°E	—	—	37.72	242.91	0.84	86.25	2.88
	2006	37.02°N	118.70°E	东北	17.83	60.11	210.22	0.71	86.51	3.97
	2010	36.86°N	118.90°E	东南	23.29	45.52	247.50	0.82	85.49	3.54
	2014	36.95°N	119.25°E	东北	39.41	55.15	254.26	0.78	86.31	4.40
	2018	36.92°N	119.13°E	西南	13.62	63.24	241.61	0.74	86.28	4.80

续表

准则层	年份	重心位置		迁移方向	迁移距离（千米）	短半轴长度（千米）	长半轴长度（千米）	扁率	转角（°）	面积（万平方千米）
绿色经济特征	2002	36.73°N	119.28°E	—	—	63.05	208.33	0.70	87.62	4.13
	2006	36.68°N	119.36°E	东南	9.64	82.64	202.79	0.59	85.05	5.26
	2010	36.69°N	119.35°E	西北	2.15	81.25	210.46	0.61	85.07	5.37
	2014	36.71°N	119.24°E	西北	12.12	81.46	206.21	0.60	85.95	5.28
	2018	36.66°N	119.06°E	西南	19.82	85.41	200.72	0.57	90.19	5.39
绿色创新制度	2007	36.74°N	118.72°E	—	—	93.06	176.32	0.47	90.61	5.15
	2009	36.68°N	119.17°E	东南	50.21	78.16	213.21	0.63	84.55	5.23
	2012	36.74°N	119.62°E	东北	49.49	72.69	222.70	0.67	82.90	5.08
	2015	36.72°N	119.26°E	西南	39.85	76.58	227.04	0.66	83.56	5.46
	2018	36.73°N	119.15°E	西北	11.92	79.78	205.54	0.61	84.75	5.15

根据山东半岛城市群绿色创新经济效益地理重心与标准差椭圆图进行分析。关于山东半岛城市群绿色创新经济效益，从空间分布重心看，椭圆重心点经度位于119.37°E—119.46°E，纬度位于36.71°N—36.82°N。2002—2006年，椭圆重心向东北方向迁移10.49千米；2006—2010年，向西南方向迁移2.57千米；2010—2014年，向西北方向迁移3.17千米；2014—2018年，向西南方向迁移3.71千米。从空间分布方向看，标准差椭圆的长轴呈东北—西南走向，在研究时段内方向未发生改变。从空间分布形态看，2002年椭圆扁率为0.78，2018年减小为0.73，总体上椭圆扁率越来越小，椭圆形状趋于圆化，说明绿色创新经济效益空间分布方向性减弱。从长轴方向看，2002—2018年长半轴长度先减小后增大，说明绿色创新经济效益空间

分布在东北—西南方向先集聚后扩散。2002—2018 年，短半轴长度先增大后减小，总体呈增大趋势，说明绿色创新经济效益空间分布在西北—东南方向先扩散后集聚，总体趋于扩散。从方位角变化范围看，标准差椭圆的方向角度减小，总体呈逆时针旋转趋势。从分布范围变化看，2002—2018 年，椭圆面积由 3.50 扩大为 4.29，说明绿色创新经济效益空间分布总体趋于扩散。

根据山东半岛城市群绿色创新社会效益地理重心与标准差椭圆图进行分析。关于山东半岛城市群绿色创新社会效益，从空间分布重心看，椭圆重心点经度位于 119.40°E—119.83°E，纬度位于 36.79°N—36.90°N。2002—2014 年，椭圆重心一直向西南方向迁移，分别迁移 14.38 千米、11.97 千米和 21.76 千米，迁移速度较快；2014—2018 年，向东南方向迁移 1.44 千米，迁移速度较慢。总体上，山东半岛城市群绿色创新社会效益重心向西南方向迁移。从空间分布形态看，椭圆扁率由 2002 年的 0.64 减小为 2010 年的 0.61，2018 年增大为 0.63，椭圆扁率先减小后增大，说明绿色创新社会效益空间分布方向性由不明显趋于明显。从长轴方向看，2002—2010 年，长半轴长度减小，说明该时期绿色创新社会效益空间分布在东北—西南方向集聚。2010—2018 年，长半轴长度波动增大，表明该时期绿色创新社会效益空间分布在东北—西南方向总体呈扩散趋势。从短轴方向看，2002—2018 年，短半轴长度波动增大，表明绿色创新社会效益空间分布在西北—东南方向集聚与扩散交替，总体趋于扩散。从方位角变化范围看，标准差椭圆的方向角度呈逆时针旋转。从分布范围变化看，2002—2018 年，椭圆面积由 5.31 波动扩大为 5.44，说明绿色创新社会效益空间分布总体趋于扩散。

根据山东半岛城市群绿色创新资源能源效益地理重心与标准差椭圆图进行分析。关于山东半岛城市群绿色创新资源能源效益，从空间分布重心看，椭圆重心点经度位于 119.16°E—119.39°E，纬度位于 36.75°N—36.81°N。2002—2014 年，重心向西南方向分别迁移 20.91 千米、1.94 千米和 2.60 千米；2014—2018 年，向东南方向迁移 4.36 千米。总体上，山东半岛城市群绿色创新资源能源效益重心向西南方向迁移。从空间分布形态看，椭圆扁率由 2002 年的 0.64 减小为 2018 年的 0.60，说明绿色创新资源能源效益空间分布方向性（东北—西南）总体越来越不明显。从长轴方向看，2002—2018 年长半轴长度减小，说明绿色创新资源能源效益空间分布在东北—西南方向总体呈集聚趋势。从短轴方向看，短半轴长度总体呈增加趋势，说明绿色创新资源能源效益空间分布在西北—东南方向总体呈扩散趋势。从方位角变化范围看，标准差椭圆的方向角度总体呈顺时针旋转，旋转角度较小。从分布范围变化看，2002—2018 年椭圆面积由 5.04 减小为 4.84，说明绿色创新资源能源效益空间分布趋于集聚。

根据山东半岛城市群绿色创新生态环境效益地理重心与标准差椭圆图进行分析。关于山东半岛城市群绿色创新生态环境效益，从空间分布重心看，椭圆重心点经度位于 119.42°E—119.57°E，纬度位于 36.74°N—36.77°N。2002—2006 年、

2006—2010 年，椭圆重心分别向西南方向迁移 12.13 千米、3.16 千米；2010—2014 年，向东南方向迁移 3.63 千米，2014—2018 年，向西南方向迁移 4.29 千米。总体上，山东半岛城市群绿色创新生态环境效益重心向西南方向迁移。从空间分布形态看，椭圆扁率由 2002 年的 0.65 逐渐减小为 2018 年的 0.63，说明绿色创新生态环境效益空间分布方向性减弱。从长轴方向看，2002—2018 年，长半轴长度波动减小，减小幅度不大，说明绿色创新生态环境效益空间分布在东北—西南方向总体呈微弱集聚趋势。从短轴方向看，2002—2018 年，短半轴长度波动增大，表明生态环境效益空间分布在西北—东南方向总体呈微弱扩散趋势。从方位角变化范围看，标准差椭圆的方向角度呈先顺时针后逆时针再顺时针旋转，2018 年与 2002 年相比，朝顺时针方向较小幅度转动。从分布范围变化看，2002—2018 年，椭圆面积先扩大后缩小，由 2002 年的 5.01 扩大为 2010 年的 5.21，又缩小为 2018 年的 5.12，说明绿色创新生态环境效益空间分布先扩散后集聚，总体趋于微弱扩散。

根据山东半岛城市群绿色知识与技术创新地理重心与标准差椭圆图进行分析。关于山东半岛城市群绿色知识与技术创新，从空间分布重心看，椭圆重心点经度位于 119.17°E—119.41°E，纬度位于 36.73°N—36.78°N。2002—2006 年，椭圆重心向西南迁移 26.80 千米，迁移速度快；2006—2010 年、2010—2014 年，分别向东北方向迁移 8.40 千米、18.35 千米；2014—2018 年向西南方向迁移 10.88 千米，总体上山东半岛城市群绿色知识与技术创新重心向西北方向移动。从空间分布形态看，椭圆的扁率由2002年的0.72波动增加为2018年的0.73，说明绿色知识与技术创新空间分布方向性增强。从长轴方向看，2002—2018年，长半轴长度总体趋于增大，说明绿色知识与技术创新空间分布在东北—西南方向总体呈扩散趋势。从短轴方向看，2002—2018年，短半轴长度波动减小，幅度很小，表明绿色知识与技术创新空间分布在西北—东南方向总体趋于微弱集聚。从方位角变化范围看，标准差椭圆的方向角度呈波动性顺时针旋转，旋转角度由2002年的84.93变为2018年的86.99。从分布范围变化看，2002—2018年椭圆面积先缩小后扩大，总体上趋于扩大，幅度很小，表明绿色知识与技术创新空间分布先集聚后扩散，总体趋于微弱扩散。

根据山东半岛城市群绿色创新文化地理重心与标准差椭圆图进行分析。关于绿色创新文化，从空间分布重心看，椭圆重心点经度位于118.58°E—119.25°E，纬度位于36.80°N—37.02°N。2002—2006年，椭圆重心向东北方向迁移17.83千米；2006—2010年，向东南方向迁移23.29千米；2010—2014年，向东北方向迁移39.41千米；2014—2018年，向西南方向迁移13.62千米。总体上，山东半岛城市群绿色创新文化重心向东北方向迁移。从空间分布形态看，椭圆的扁率由2002年的0.84波动减小为2018年的0.74，说明绿色创新文化空间分布方向性总体减弱。从长轴方向看，2002—2018年，长半轴长度没有明显变化，表明绿色创新文化空间分布在东北—西南方向集聚程度没有明显变化。从短轴方向看，2002—2018年，短半轴长度波动增大，说明绿色创新文化空间分布在西北—东南方向总体呈扩散趋势。从方位角变化范围看，标准差椭圆角度由 2002 年的 86.25 变为 2018 年的 86.28，顺时针旋转角度小幅度增加。从分布范围变化看，2002—2018 年，椭圆面积明显扩大，由 2002 年的 2.88 扩大为 2018 年的 4.80，说明绿色创新文化空间分布扩散明显。

根据山东半岛城市群绿色经济特征地理重心与标准差椭圆图进行分析。关于绿色经济特征，从空间分布重心看，椭圆重心点经度位于 119.06° E—119.36° E，纬度位于 36.66° N—36.73°N。2002—2006 年，椭圆重心向东南方向迁移 9.64 千米，2006—2010 年、2010—2014 年，向西北方向分别迁移 2.15 千米、12.12 千米，2014—2018 年，向西南方向迁移 19.82 千米，总体上，山东半岛城市群绿色经济特征重心向西南方向迁移。从空间分布形态看，扁率从 2002 年的 0.70 波动减小为 2018 年的 0.57，表明绿色经济特征水平的空间分布方向性总体趋于减弱。从长轴方向看，2002—2006 年，长半轴长度减小，说明该时期绿色经济特征水平空间分布在东北—西南方向呈集聚趋势。2006—2010 年，长半轴长度增大，表明该时期绿色经济特征水平空间分布在东北—西南方向呈扩散趋势。2010—2014 年，长半轴长度减小，说明该时期绿色经济特征水平空间分布在东北—西南方向呈集聚趋势。2018 年，长轴变为西北—东南走向，2014—2018 年，长半轴长度减小，说明该时期绿色经济特征水平空间分布在长轴方向集聚。从短轴方向看，2002—2014 年，短轴呈西北—东南走向，2002—2014 年，短半轴长度总体趋于增大，表明该时期绿色经济特征水平空间分布在西北—东南方向总体呈扩散趋势；2018 年，短轴变为东北—西南走向，2014—2018 年，短半轴长度增大，表明该时期绿色经济特征水平空间分布在短轴方向扩散。从方位角变化范围看，标准差椭圆的方向角度呈先逆时针后顺时针旋转，尤其在 2014—2018 年，旋转幅度为 4.24，旋转角度较大。从分布范围变化看，2002—2018 年椭圆面积由 4.13 扩大为 5.39，说明绿色经济特征水平空间分布呈扩散趋势。

根据山东半岛城市群绿色创新制度地理重心与标准差椭圆图进行分析。关于山东半岛城市群绿色创新制度，从空间分布重心看，椭圆重心点经度位于 118.72°E—119.62°E，纬度位于 36.68°N—36.74°N。2007—2009 年，椭圆重心向东南方向移动 50.21 千米，2009—2012 年，向东北方向移动 49.49 千米，2012—2015 年，向西南方向移动 39.85 千米，2015—2018 年，向西北方向迁移 11.92 千米。从空间分布形态看，2007 年，椭圆扁率为 0.47，2018 年，增大为 0.61，椭圆的扁率先增大后减小，总体上，山东半岛城市群绿色创新制度空间分布方向性趋于明显。从长轴方向看，由 2007 年的西北—东南走向变为 2009 年的东北—西南走向，长半轴长度明显增大，说明该时期绿色创新制度空间分布在长轴方向明显扩散；2009—2018 年，长半轴长度先增大后减小，说明该时期绿色创新制度空间分布在东北—西南方向先扩散后集聚。从短轴方向看，由 2007 年的东北—西南走向变为 2009 年的西北—东南走向，短半轴长度明显减小，表明该时期绿色创新制度空间分布在短轴方向明显集聚。2009—2018 年，短半轴长度先减小后增大，表明该时期绿色创新制度空间分布在西北—东南方向先集聚后扩散。从方位角变化范围看，标准差椭圆的方向角度呈先逆时针后顺时针旋转，尤其在2007—2009年，椭圆方向发生变化，转角幅度明显发生变化。从分布范围变化看，2007—2018年椭圆面积先增大后减小，再增大又减小，最终椭圆面积与2007年相比没有变化，说明绿色创新制度空间分布扩散与集聚交替，总体上趋于扩散。

除绿色创新资源能源效益空间分布总体趋于集聚外，各准则层指标水平的空间分布虽然有波动，但总体上趋于扩散。

（四）空间关联分析

为直观地反映山东半岛城市群城市之间绿色创新空间的联系，通过修正后的引力模型测算山东半岛城市群绿色创新空间联系强度（见表5－13），并借助ArcGIS10.2软件对计算结果进行空间可视化处理。

表5－13 2002—2018年山东半岛城市群城市引力强度

年份	城市	引力值
2002	济南—淄博	8.96
	威海—烟台	10.45
	淄博—潍坊	6.26
2006	济南—淄博	17.04
	威海—烟台	10.68
	淄博—潍坊	7.95
2010	济南—淄博	27.26
	威海—烟台	18.47
	淄博—潍坊	11.93
	青岛—烟台	7.76
	青岛—潍坊	7.15
	济南—潍坊	6.98

续表

年份	城市	引力值
2014	济南—淄博	69.50
	威海—烟台	66.97
	淄博—潍坊	27.93
	青岛—烟台	26.26
	青岛—潍坊	22.87
	青岛—淄博	8.64
	青岛—威海	8.47
	青岛—日照	5.51
	济南—青岛	11.04
	济南—潍坊	21.72
2018	济南—淄博	238.67
	烟台—威海	192.68
	淄博—潍坊	110.28
	青岛—烟台	74.77
	青岛—潍坊	70.56
	青岛—淄博	25.96
	青岛—威海	22.15
	青岛—日照	22.71
	济南—青岛	29.63
	济南—潍坊	70.87
	济南—烟台	14.35
	东营—淄博	13.23
	烟台—潍坊	10.42
	济南—东营	8.42
	济南—威海	8.88
	淄博—烟台	5.52
	东营—潍坊	7.37
	潍坊—威海	6.91
	潍坊—日照	8.81

2002—2018 年，山东半岛城市群绿色创新空间联系强度逐年增加。由于联系强度值全距较大，低值（引力强度小于 5）表示绿色创新空间联系非常弱。因此，在可视化过程中不予显示。根据 ArcGIS10.2 中的自然断裂法将绿色创新空间联系强度分为弱引力（5，14.35）、中等引力（14.35，29.63）、较强引力（29.63，110.28）和强引力（110.28，238.67）四个等级。

根据山东半岛城市群绿色创新空间联系强度图进行分析。2002 年、2006 年，主要有 3 对城市存在绿色创新联系，分别是济南—淄博、威海—烟台、淄博—潍坊，引力强度主要处在弱引力与中等引力区间内。2010 年，绿色创新空间联系增强，由 3 对存在绿色创新联系的城市增加到 6 对，引力强度增加。2014 年，有 10 对城市存在绿色创新联系，绿色创新空间联系不断增强，济南—淄博和威海—烟台 2 对城市达到较强引力联系。2018 年，山东半岛城市群绿色创新空间联系更加紧密，有 19 对城市存在绿色创新联系，济南—淄博、烟台—威海和淄博—潍坊 3 对城市达到强引力联系。

济南、青岛与周边城市之间的绿色创新联系相对紧密，网络化特征明显；威海离烟台近，烟台—威海引力强度较大；日照、东营由于绿色创新水平较低，与其他城市之间绿色创新联系较小。

济南—淄博，烟台—威海，潍坊—淄博和青岛—烟台是绿色创新联系最紧密的四对城市。在济南—淄博线中，济南到断裂点的距离由 2002 年的 51.90 千米扩大为 2018 年的 54.83 千米，淄博到断裂点的距离均小于济南到断裂点的距离，因此，在这对城市中济南的绿色创新影响越来越大，联系方向为济南→淄博。在烟台—威海线中，烟台距离断裂点的距离由2002年的31.78千米扩大为2018年的33.34千米，威海到断裂点的距离由2002年的34.22千米缩短为2018年的32.66千米，二者之间引力非常接近。在潍坊—淄博线中，2002年，潍坊到断裂点的距离为59.31千米，淄博到断裂点的距离为50.69千米；2018年，潍坊到断裂点的距离为56.99千米，淄博到断裂点的距离为53.01千米，联系方向是潍坊→淄博。在青岛—烟台线中，青岛到断裂点的距离由2002年的115.95千米扩大为2018年的119.12千米，烟台到断裂点的距离由2002年的102.05千米缩短为2018年的98.88千米，联系方向为青岛→烟台（见表5-14、图5-2）。

表5-14　　2002—2018年主要城市距断裂点距离　　单位：千米

城市＼时间	2002年距断裂点距离	2006年距断裂点距离	2010年距断裂点距离	2014年距断裂点距离	2018年距断裂点距离
济南→淄博	51.90	52.89	53.72	57.09	54.83
淄博→济南	45.10	44.11	43.28	39.91	42.17
烟台→威海	31.78	32.81	33.52	32.47	33.34
威海→烟台	34.22	33.19	32.48	33.53	32.66
淄博→潍坊	50.69	55.10	55.04	52.30	53.01
潍坊→淄博	59.31	54.90	54.96	57.70	56.99
青岛→烟台	115.95	122.29	120.66	122.22	119.12
烟台→青岛	102.05	95.71	97.34	95.78	98.88

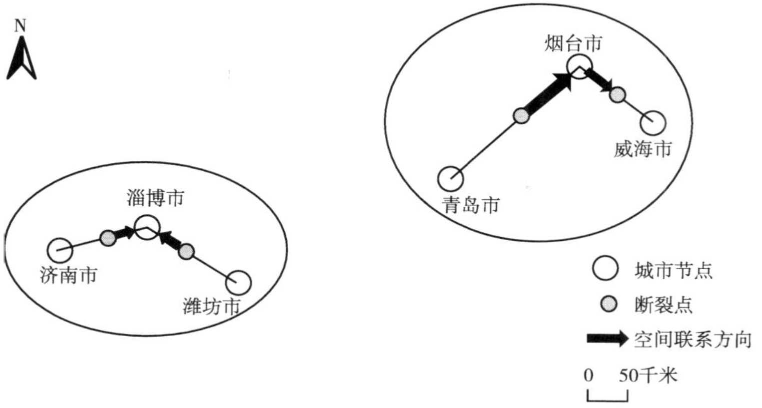

图 5-2 2018 年山东半岛城市群绿色创新空间关联断裂点分布图

综合以上研究结果，济南和青岛具有较强的绿色创新影响力，与周边城市联系较密切，但济南与青岛之间的绿色创新联系不够紧密。

总体上，山东半岛城市群绿色创新系统的空间结构呈由点轴结构向网络结构过渡的态势，其中，济南、青岛为两个主要创新极，沿海轴线和胶济沿线为两条主要创新轴。与山东半岛城市群所处的工业化后期阶段相比滞后，主要因为山东半岛城市群传统发展和创新模式的路径依赖。

第六章　山东半岛城市群绿色创新系统优化对策研究

根据本书上述城市群绿色创新系统理论和山东半岛城市群绿色创新系统实证研究结果，提出以下对策。

第一节　制订和实施山东半岛城市群绿色创新系统发展规划

政府是区域创新的主体之一，为弥补市场缺陷，需要山东省政府干预山东半岛城市群绿色创新系统发展。由于中国绿色市场经济体制还不完善，更需要山东省政府制订和实施山东半岛城市群绿色创新系统发展规划。

山东省已经制定《山东省创新型省份建设实施方案》《山东省“十三五”科技创新规划》《山东省中长期科学和技术发展规划纲要（2006—2020 年）》和《山东半岛城市群发展规划

(2016—2030年)》，强调山东半岛城市群创新系统发展，但没有将低碳发展、循环发展、绿色发展与创新紧密结合。因此，建议山东省根据低碳发展、循环发展和绿色发展理论制定《山东省“十四五”科技创新规划》《山东省中长期科学和技术发展规划纲要（2021—2035年)》，补充完善《山东半岛城市群发展规划（2016—2030年)》，在此基础上，由山东省科学技术厅牵头，会同山东省发展和改革委员会、山东省自然资源厅、山东省生态环境厅等部门制订《山东半岛城市群绿色创新系统发展规划》。

在“双循环”战略背景下，一方面，《山东半岛城市群绿色创新系统发展规划》要重视山东半岛城市群与其他国家、地区之间闭环型创新链的分工与合作；另一方面，要打破区域界限，加强与国内其他地区之间闭环型创新链的分工与合作，加强山东半岛城市群内城市之间、城乡之间闭环型创新链的分工与合作，促进绿色创新型产业集群发展，实现山东半岛城市群经济效益、社会效益和生态效益的最优化。

根据演化经济学和绿色发展理论，首先，重点在青岛高新技术产业开发区、济南高新技术产业开发区、淄博高新技术产业开发区、青岛经济技术开发区、潍坊滨海经济技术开发区、潍坊高新技术产业开发区、东营经济技术开发区、威海火炬高技术产业开发区、威海经济技术开发区、烟台高新技术产业开发区、烟台经济技术开发区、日照经济技术开发区、山东半岛国家自主创新示范区等国家自主创新示范区和国家级的高新技术产业开发区、经济技术开发区、生态工业园、低碳工业园、循环化改造示范试点园区、循环经济示范区、绿色园区等绿色发展与创新基础好的园区构建和完善区域绿色创新系统；其次，在日照高新技术产业开发区、东营高新技术产业开发区等省级的高新技术产业开发区、经济技术开发区、生态工业园、低碳工业园、循环化改造示范试点园区、循环经济示范区、绿色园区等园区逐步构建和完善区域绿色创新系统，以形成山东半岛城市群布局相对均衡的一体化绿色创新系统。

第二节　优化山东半岛城市群绿色创新资源配置

山东半岛城市群处于工业化后期阶段。根据新制度经济学理论与城市群绿色创新资源配置理论，为降低沉淀成本的影响，政府应扶持教育绿色化，将绿色知识贯穿于初等教育、中等教育、高等教育、社会教育、职业教育等各种形式教育中，提高山东半岛城市群行动者和企业吸收绿色知识的能力。通过支持山东半岛城市群高等院校如山东大学、中国海洋大学等教育培训机构与研究机构如山东省农业科学院、山东社会科学院培养循环、低碳和绿色创新人才以及鼓励创新主体如企业和高等院校加强绿色创新信息资源服务机构建设等措施，加强高端的绿色创新人力资源与绿色创新信息资源尤其是高端的低碳创新人力资源与低碳创新信息资源的引进与生产。制定更加严格的绿色创新制度，如试点征收碳税和提高环境保护税，加大对绿色知识和技术如 PM2.5、CO_2的减量化、再利用和再循环技术、气候系统再修复技术创造支持的力度，大幅度提高自然资源与废物如 CO_2的循环利用率，从重点扶持绿色生产环节加快转向重点扶持绿色创造环节等高端绿色创新链环节。研究机构、高等院校、企业、消费者、中介服务机构、政府等山东半岛城市群绿色创新主体面临的制度如科技政策、教育政策、行业协会发展政策、企业发展政策，具有异质性；并且，各主体面临的制度绿色化进程不同，经常存在矛盾与冲突，制度邻近的缺乏阻碍山东半岛城市群绿色创新系统发展。因此，在制定山东半岛城市群绿色创新系统发展制度时，应加快各主体面临的制度绿色化进程，并加强各主体面临的绿色制度之间的协调。

根据城市群绿色创新系统相关理论和山东半岛城市群经济发展阶段，山东半岛城市群绿色创新系统的空间结构应处于多核心网络化结构阶段。因此，政府应该加大扶持力度，加快山东半岛城市群绿色创新系统空间结构向多核心网络化结构转型。根据山东半岛城市群绿色创新系统空间结构现状和发展要求，首先，重点在一级绿色创新极即青岛、济南布局区域绿色创新系统和重点发展沿海轴线（包括青岛、烟台、威海、东营、日照等城市）、胶济线（包括济南、青岛、淄博、潍坊等城市）两条一级绿色创新轴；其次，重点扶持绿色创新水平相对较低的东营、淄博和日照绿色创新系统发展以及加强城市之间绿色创新联系尤其是东营—烟台以及淄博—日照等绿色创新联系，逐步形成山东半岛城市群绿色创新系统多核心网络化结构。同时，应突破行政区划界限，实现山东半岛城市群绿色创新资源共享，在山东半岛城市群合理布局闭环型创新链环节，并采取绿色创新集群模式。如在青岛高新技术产业开发区、济南高新技术产业开发区、淄博高新技术产业开发区、青岛经济技术开发区、潍坊滨海经济技术开发区、潍坊高新技术产业开发区、东营经济技术开发区、威海火炬高技术产业开发区、威海经济技术开发区、烟台高新技术产业开发区、烟台经济技术开发区、日照经济技术开发区、山东半岛国家自主创新示范区等园区构建和完善循环、低碳和绿色创新集群。通过举办绿色经济发展相关会议、建设俱乐部等多种措施促进员工之间交流绿色知识，加强研究机构、高等院校、政府、企业、消费者、中介服务机构等之间绿色知识交流，促进绿色创新集群发展。

第三节　根据山东半岛城市群动态比较绿色创新优势，确定山东半岛城市群绿色创新系统发展方向

政府应该实施倾斜政策，积极培育山东半岛城市群动态比较绿色创新优势。根据山东半岛城市群绿色创新系统发展现状，在一级绿色创新极即青岛、济南和一级绿色创新轴即沿海轴线和胶济线上，重点进行根本性绿色知识和技术创造；在外围区域如县城重点进行渐进性绿色知识和技术创造，同时加强根本性绿色知识和技术创造，逐步提高山东半岛城市群的绿色知识

和技术创造水平。

根据城市群动态比较绿色创新优势理论、山东半岛城市群经济发展阶段和绿色创新系统现状，将处于中高端的绿色技术创新、绿色知识创新和绿色产业创新如新能源、新光电、海洋科技、生物医药、电子信息、新材料等绿色高新技术产业创新作为山东半岛城市群一级绿色创新极即青岛、济南和一级绿色创新轴即沿海轴线和胶济线上的主导绿色创新方向，将处于高端的绿色技术创新、绿色知识创新和绿色产业创新如现代金融业、现代物流业、高端的废弃物循环利用产业如碳循环利用产业等高端绿色产业创新作为山东半岛城市群一级绿色创新极和绿色创新轴上的潜导绿色创新方向。将处于中端的绿色技术创新、绿色知识创新和绿色产业创新（如海洋化学工业）、石油化学工业、机械工业（如汽车工业）等绿色重工业技术创新，作为山东半岛城市群外围区域如县城的主导绿色创新方向，将处于中高端的绿色技术创新、绿色知识创新和绿色产业创新如新能源、新光电、生物医药、电子信息、新材料等绿色高新技术产业创新，作为山东半岛城市群外围区域如县城的潜导绿色创新方向。

第四节　鼓励山东半岛城市群绿色产品和服务需求

第一，建立与完善促进山东半岛城市群绿色产品和服务如低碳服务、循环型产品需求的价格形成制度，即将山东半岛城市群的水资源、矿物资源、化石燃料、生物资源、土地资源等自然资源成本内部化的价格体系。第二，建立与完善山东半岛城市群绿色产品和服务消费鼓励制度。加强山东半岛城市群企事业单位和政府机关绿色产品与服务消费培训，鼓励政府绿色采购，开展绿色产品和服务消费创建活动，如开展碳达峰碳中和进社区、绿色学校与绿色社区创建活动，引导山东半岛城市群消费者树立绿色产品和服务消费观念、积极消费绿色产品和服务。扶持绿色创新水平相对较低的城市——东营、淄博和日照的绿色消费，对绿色产品与绿色服务消费的扶持力度从一级绿色创新极（青岛、济南）和一级绿色创新轴（沿海轴线、胶济线）向外围地区、从城镇向乡村逐渐加大，以促进山东半岛城市群公平发展。第三，打破行政区划界限，加强山东半岛城市群低碳互联网、废物运输管道等交通与通信基础设施、废物如 PM2.5 市场信息网络基础设施、碳循环利用基础设施、绿色科技基础设施、绿色知识和技术市场信息网络基础设施、生态保护和修复基础设施、绿色教育基础设施等山东半岛城市群绿色公共设施一体化建设，鼓励家庭消费转向公共消费；鼓励山东半岛城市群企业加大低碳、循环和绿色创新力度，研究与开发绿色产品和服务。第四，做好山东半岛城市群绿色产品和服务消费试点与推广。在青岛、济南、烟台等发达城市进行绿色产品和服务尤其是低碳产品和服务消费试点，总结经验、教训，逐步推广。第五，在“双循环”战略下，山东省政府和山东半岛城市群各级政府应鼓励山东半岛城市群消费者以消费山东半岛城市群企业等国内企业生产的绿色产品和服务为主，消费国外企业生产的绿色产品和服务为辅。

第五节　构建山东半岛城市群绿色合作网络

在山东半岛城市群绿色创新系统发展过程中，应减少直接的行政干预，打破行政区划限制，加快完善山东半岛城市群绿色市场经济体制尤其是低碳市场经济体制，明确企业绿色技术创新主体地位，完善山东半岛城市群绿色技术市场如低碳技术市场。

通过利益驱动机制，重点促进山东半岛城市群一级绿色创新极即青岛、济南和沿海轴线、胶济线两条一级绿色创新轴上的研究机构、高等院校、政府、企业、消费者、中介服务机构等根据循环、低碳和绿色发展转型，如建设碳交易市场、绿色技术市场、新能源与环境产权等绿色产权交易市场以及自然资源与环境法律事务所、绿色金融机构、绿色经济信息机构等绿色中介服务机构。

在创新与相互作用过程中，遵循低碳、循环和绿色发展原则，促进山东半岛城市群创新主体之间 PM2.5、CO_2等废物再循环利用，积极发展“分解者”企业，将 PM2.5、CO_2等废物作为实验用品，修复破坏的气候系统等生态系统，构建闭环型创新链，形成山东半岛城市群绿色合作网络。

重视建立与完善山东半岛城市群绿色创新信息联系渠道与交流机制，搭建绿色创新信息交流平台如PM2.5、CO_2信息交流中心，促进山东半岛城市群绿色产品与服务、绿色技术如PM2.5、CO_2减量化技术（由华中科技大学煤燃烧国家重点实验室与武汉天空蓝环保科技有限公司合作研发的“PM2.5团聚除尘超低排放技术”，拥有完全自主知识产权，获教育部颁发的自然科学奖一等奖）、绿色知识和绿色创新资源的市场信息以及山东半岛城市群绿色创新主体的竞争者与合作者的信息、其他区域绿色创新系统发展经验等信息的交流，形成山东半岛城市群绿色合作网络。

第六节　优化山东半岛城市群绿色创新环境

山东半岛城市群还没有建立包括全部自然资源税和环境税的较完善的绿色市场经济体制，如缺乏碳税制度和生产者责任延伸制度、生态补偿制度不完善。因此，要加快完善山东半岛城市群绿色市场经济体制如试点征收碳税、建立生产者责任延伸制度和完善生态补偿制度，促进公众与组织机构的行为加快绿色转型。

由于绿色经济发展时间较短，山东半岛城市群的绿色创新基础设施滞后，需要加强山东半岛城市群废气、废水等废物运输通道，废物如PM2.5、CO_2市场信息网络基础设施，绿色科技基础设施如低碳技术研究实验室，循环发展教育基础设施如循环发展教育示范基地，循环型知识与技术市场信息网络基础设施等绿色创新基础设施建设，尤其要重视加强山东半岛城市群绿色创新极、绿色创新轴与绿色创新集群的绿色创新基础设施建设。

利用山东半岛城市群研究机构与高等院校分布较集中的优势，根据山东半岛城市群绿色创新的主导方向与潜导方向，培育山东半岛城市群绿色创新人力资源，如海洋科技、新能源、新光电、生物医药、电子信息和新材料产业绿色创新以及现代物流、现代金融和自然资源与环境服务业等高端绿色服务业创新人才。完善山东半岛城市群绿色创新人力资源共享机制，促进山东半岛城市群绿色创新人力资源跨区域自由流动。根据山东半岛城市群绿色创新的主导方向和潜导方向，完善激励山东半岛城市群绿色创新的绿色税收政策如试点征收碳税和提高环境保护税、绿色财政政策和绿色投融资制度，重点促进一级绿色创新极与绿色创新轴上的绿色创新及向外围区域的扩散。完善包括绿色知识和技术如低碳知识和技术的知识产权保障制度体系。制定山东半岛城市群绿色科技政策，促进绿色知识和技术如低碳知识和技术在山东半岛城市群及其周边区域扩散。完善山东半岛城市群绿色发展制度如生态多元化治理机制、区域生态补偿机制和大气污染联防联控机制，保护与合理利用山东半岛城市群绿色创新自然资源和“废物”。

倡导绿色文化，依托山东省生态文明研究中心、山东社会科学院文化研究所、山东大学城市文化研究院、山东省现代国际文化研究发展中心、山东省齐鲁文化研究院、山东省学校文化研究院等机构加强低碳、循环和绿色创新文化研究和普及教育，培育绿色创新精神，营造自由、民主、开放的山东半岛城市群绿色创新环境。

第七节　促进山东半岛城市群绿色创新公平

考虑到山东半岛城市群发达地区自然资源消耗与生态环境破坏如 PM2.5 污染的历史责任，政府应重点扶持绿色创新水平相对较低的东营、淄博和日照三个低水平创新极的绿色创新系统发展，同时，从城镇到乡村，从一级绿色创新极即青岛、济南和一级绿色创新轴即沿海轴线和胶济线到外围地区，政府对区域绿色创新系统发展的扶持力度应该逐渐加大。随着山东半岛城市群经济发展水平的提高，政府对外围地区和乡村等欠发达地区绿色创新系统发展的扶持力度应该逐渐加大，尤其要重视缩小城市之间绿色创新资源能源效益的差距，以实现山东半岛城市群绿色创新公平。

第二篇

山东半岛城市群绿色经济发展研究[①]

本篇研究山东半岛城市群绿色经济发展，主要研究山东半岛城市群绿色经济空间结构。

① 本篇由慈福义与刘婕合作完成。

第七章　城市群绿色经济评价指标体系构建

第一节　城市群绿色经济评价指标体系构建原则

城市群绿色经济评价指标体系构建应遵循全面性、科学性、独立性、可操作性和动态性等原则。

全面性是指所选取的指标应最大限度地反映绿色经济内涵，根据多个维度和多个层级全面评价城市群绿色经济发展。

科学性要求城市群绿色经济评价指标体系构建应与目标区域具体实际相结合，指标应有客观性。

独立性要求城市群绿色经济评价指标之间不能有强相关性，彼此应尽可能独立，以保证结果的准确性和真实性。

可操作性要求城市群绿色经济评价指标的数据应具有可获得性和易操作性，某些重要的数据不可获得的指标如定性指标应尽可能使用可替代的定量指标。

城市群绿色经济发展以及政府环境政策和经济政策的动态性，要求城市群绿色经济评价指标体系应遵循动态性原则，能对不同时期绿色经济发展进行评价。

第二节　城市群绿色经济评价指标体系

一、评价指标选取

为保证指标体系的全面性和科学性，以“绿色经济”为主题词，通过收集中国知网上 SCI/SSCI/CSSCI/EI/中文核心期刊相关文章，整理 28 个绿色经济评价指标体系，并对其中涉及的指标进行归纳，发现指标的使用频次大多集中在 10%—80%，将使用频率大于 10% 的指标作为有效备选指标。

绿色经济包括循环经济、低碳经济，而现有绿色经济评价指标体系少有体现循环经济和低碳经济的指标。参考诸大建《中国循环经济与可持续发展》和国家发展改革委《循环经济发展评价指标体系（2017 年版）》等，收集整理已有文献中能够客观有效表征低碳经济和循环经济的指标（如再生能源及新能源在一次能源中所占比重、资源循环利用产业总产值、“三废”综合利用产品产值占工业总产值比重），与上述有效备选指标共同构成评价城市群绿色经济发展的初步指标集。

根据城市群绿色经济评价指标应具有彼此独立、数据可获得的原则，剔除强相关和数据难以获取的指标。将建立的初步指标集作为评价山东半岛城市群绿色经济发展的依据，以 2015 年截面数据为例，利用 SPSS 软件对初步筛选的指标进行相关分析，对其进行定量筛选（见表 7－1）。

表 7－1　城市群绿色经济评价海选指标及筛选结果

系统层	海选指标层	筛选结果	海选指标层	筛选结果
经济效益指标	人均 GDP、GDP 增长率*、经济密度*、第三产业增加值占 GDP 比重、高新技术产业产值占规模以上工业增加值比重*、第三产业就业比重	保留	节能环保支出占公共财政支出比重、R&D 经费内部支出占 GDP 比重、科教支出占公共财政支出比重	保留
	第二产业增加值占 GDP 比重	相关分析删除	万人普通高等教育在校学生数	相关分析删除
社会效益指标	城乡收入水平差异、城乡恩格尔系数差异*、公共交通平均客运量*、建成区绿化覆盖率、城市污水集中处理率、空气质量优良率、登记失业率	保留	万人拥有医疗卫生机构床位数、人口自然增长率、万人拥有公交车辆	相关分析删除
			新能源汽车比重*、城市燃气普及率、城市用水普及率	不可观测删除
生态环境效益指标	工业固体废物综合利用率、二氧化碳排放强度、工业废水排放强度、二氧化硫排放强度、单位 GDP 工业固体废弃物产生量、万元 GDP 电耗、规模以上工业增加值能耗*、能源产出率*、人均二氧化碳排放量*	保留	森林覆盖率、建成区绿化覆盖率、人均耕地面积、单位面积二氧化碳排放量、人均二氧化碳排放量、人均氨氮排放量、人均烟粉尘排放量、单位工业增加值水耗、人均生活用水量、城市生活垃圾无害化处理率	相关分析删除

续表

系统层	海选指标层	筛选结果	海选指标层	筛选结果
生态环境效益指标	工业废水达标排放率、工业用水重复利用率、单位面积工业固体废物排放量、工业废气排放强度、工业氮氧化物去除率、工业二氧化硫去除率、工业烟粉尘去除率、工业化学需氧量去除率	不可观测删除	再生能源及新能源在一次能源中所占比重*、清洁能源利用率*、煤炭在能源消费中所占比重*、资源循环利用产业总产值*、“三废”综合利用产品产值占工业总产值比重*	不可观测删除

注：带“*”的指标为补充的有效指标。

二、指标体系构建

城市群绿色经济发展既要求经济增长的速度，又要求经济增长的质量；同时，城市群可持续发展更不可忽视。根据全面性、科学性、独立性、可操作性和动态性原则，构建以经济效益、社会效益和生态环境效益为系统层的城市群绿色经济评价指标体系（见表7-2）。

表7-2　城市群绿色经济评价指标体系

系统层	准则层	指标层	指标单位	属性
经济效益指标	经济发展效率	人均GDP	元/人	+
		经济密度	万元/公顷	+
		GDP增长率	%	+
	产业结构转型	第三产业增加值比重	%	+
		高新技术产业产值占工业比重	%	+
		第三产业就业比重	%	+

续表

系统层	准则层	指标层	指标单位	属性
经济效益指标	绿色资本投入	节能环保支出占公共财政支出比重	%	+
		R&D 经费内部支出占 GDP 比重	%	+
		科教支出占公共财政支出比重	%	+
社会效益指标	社会公平	城乡收入水平差异	/	-
		城乡恩格尔系数差异	/	-
	城市生活质量	建成区绿化覆盖率	%	+
		登记失业率	%	-
		城市生活环境质量	%	+
		城市污水集中处理率	%	+
		公共交通平均客运量	万人/辆	+
生态环境效益指标	环境效益	工业二氧化硫排放强度	吨/万元	-
		工业二氧化碳排放强度	吨/万元	-
		人均二氧化碳排放量	吨/人	-
		工业废水排放强度	吨/万元	-
		单位 GDP 工业固废产生量	吨/万元	-
	资源效益	工业固体废物综合利用率	%	+
		万元 GDP 电耗	千瓦时/万元	-
		规模以上工业增加值能耗	吨标准煤/万元	-
		能源产出率	%	+

注：指标属性中，“+”代表正向指标，“-”代表负向指标。

将绿色经济效益分为经济效益子系统、社会效益子系统和生态环境效益子系统。在经济效益子系统中，选取的指标既要反映经济发展的规模，更要反映经济发展的质量，如产业结构优化、知识创新投入等。社会效益子系统要强调社会公平、缩小社会差距和社会生活质量的提高。生态环境效益子系统应选取与经济增长相适应的生态环境和自然资源效益指标，选取的指标应考虑各区域污染排放、资源利用与经济发展的协调。通过对污染物排放、能源利用与生产总值进行比较，能够较客观地反映经济发展过程中的生态环境效益和自然资源效益，并通过时序变化反映污染排放量、资源利用量与经济增长速度之间的关系，从而体现绿色经济特征。

1. 经济效益是城市群绿色经济发展的动力。绿色经济发展需要劳动力、资金、技术等生产要素的支撑，在准则层分别用经济发展效率、产业结构转型和绿色资本投入进行表征。经济发展效益主要体现为人均 GDP、经济密度和 GDP 增长率。绿色经济要求在经济发展过程中，产业结构向污染轻、效益高的第三产业转型，选择第三产业增加值比重、高新技术产业产值占规模以上工业总产值比重和第三产业就业率表征产业结构转型。用节能环保支出占公共财政支出比重、R&D 经费内部支出占 GDP 比重、科教支出占公共财政支出比重代表绿色资本投入。

2. 社会效益是城市群绿色经济发展的根本目的。该系统下分社会公平和社会生活质量两个维度。社会公平体现在收入水平和消费公平两方面，用城乡收入水平差异和城乡恩格尔系数差异作为衡量指标。社会生活质量指绿色经济发展为人们带来的生活环境、生活方式、城市功能以及生活水平的绿色化和便利度，分别选用建成区绿化覆盖率、城市生活环境质量、公共交通平均客运量、城市污水集中处理率、登记失业率等指标。

3. 生态环境效益是城市群可持续发展的必然要求。选择二氧化碳排放强度和人均二氧化碳排放量指标表征低碳经济运行效果。工业废水排放强度、工业二氧化硫排放强度、单位 GDP

工业固体废弃物产生量等指标表征工业“三废”排放情况。资源利用效率维度选用工业固体废物综合利用率、万元 GDP 电耗、能源产出率、规模以上工业增加值能耗等指标，分别从废物循环利用、资源禀赋及能源利用等角度进行衡量。能源产出率（生产总值/总能耗）表征单位能源的产出效果。

三、评价方法

（一）绿色经济评价值测算方法

1. 投影寻踪模型

绿色经济评价方法主要有绿色 GDP 测算、绿色经济效率测算、综合指数测算等方法，在相关研究成果基础上，根据以上构建的评价指标体系，采用投影寻踪模型，对山东半岛城市群绿色经济空间结构进行评价。

计算步骤如下：

（1）数据归一化处理。

正向指标：$$x(i,j)=\frac{x^{*}(i,j)-x_{\min}(i,j)}{x_{\max}(i,j)-x_{\min}(i,j)}(i=1\cdots n;j=1\cdots p)$$

逆向指标：$$x(i,j)=\frac{x_{\max}(i,j)-x^{*}(i,j)}{x_{\max}(i,j)-x_{\min}(i,j)}(i=1\cdots n;j=1\cdots p)$$

其中，$x^{*}(i,j)$ 为第 i 个样本的第 j 个评价值，n、p 分别为样本和评价指标的数量。

（2）构造投影目标函数 $Q(a)$。将 p 维数据 $x(i,\ j)$，$j=1\cdots p$ 综合为 $a=(a(1),a(2)\cdots a\ (p))$ 为投影方向的一维投影值 $z(i)$：

$$z(i) = \sum_{i=1}^{n} a(j)x(i,j), i = 1\cdots n$$

投影指标函数构造为：

$$Q(a) = S_z D_z$$

其中，S_z 表示投影值 $z(i)$ 的标准差，D_z 表示局部密度。计算公式分别为：

$$S_z = \sqrt{\sum_{i=1}^{n} z(i) - \bar{z}/(n-1)}$$

$$D_z = \sum_{i=1}^{n}\sum_{j=1}^{p}(R - r_{ij})u(R - r_{ij})$$

$$r_{ij} = \left|z(i) - z(j)\right|$$

其中，$\bar{z}$ 为 $z(i), i = 1\cdots n$ 的均值；R 为窗口半径。u_t 为单位阶跃函数，当 $t = (R - r_{ij}) \geqslant 0$ 时，其函数值为1，当 $t < 0$ 时其函数值为0。密度阈值（a）可取 $0.1\ S_z$，$0.01\ S_z$，$0.001\ S_z$ 等，本文密度阈值取为 $0.1\ S_z$。

（3）估计最佳投影方向。计算公式为：

$$\max Q(a) = S_z D_z \quad s.t. \sum_{j=1}^{p} a^2(j) = 1, a(j) \geqslant 0$$

（4）计算各样本的投影值 $z(i)$。求得最佳投影方向 a^* 代入公式 $z(i) = a(j)x(i,j)$，得到样本投影值 $z(i)$。

2. 协调度模型

利用系统协调度模型测度山东半岛城市群绿色经济评价指标间协调状况。协调度 A_i 的计算公式为：

$$A_i = 1 - S_i/M_i$$

其中，M_i 表示第 i 个城市绿色经济系统层评价值的平均值，S_i 表

示第 i 个城市绿色经济系统层评价值标准差，A_i 取值介于 0 和 1 之间，越接近 1，绿色经济协调状况越好。参考李帅等城市人居环境系统协调度等级，将绿色经济协调度分为以下 5 个等级（见表 7－3）：

表 7－3　　绿色经济协调度等级

协调度	协调度等级
$0 < A_i \leqslant 0.45$	严重失调
$0.45 < A_i \leqslant 0.6$	较失调
$0.6 < A_i \leqslant 0.75$	中度协调
$0.75 < A_i \leqslant 0.9$	较协调
$0.9 < A_i \leqslant 1$	高级协调

（二）绿色经济空间结构分析方法

首先，在测算绿色经济投影值的基础上，利用 ArcGIS10.3 软件对山东半岛城市群绿色经济及其三大效益进行分级可视化分析，探讨其空间结构；其次，利用核密度分析法研究 2001—2017 年山东半岛城市群绿色经济在空间上的集聚与分散；然后，利用空间重心和标准差椭圆，分析山东半岛城市群及其三大效益的空间分布方向和重心转移轨迹；最后，综合引力模型、最大引力线和断裂点公式，研究山东半岛城市群绿色经济空间关联格局。具体计量模型如下。

1. 核密度分析

核密度分析法可以通过分析区域内要素分布密度在空间上的特征和演变探索要素在空间上的集聚或分散状态，其主要公式如下：

$$f(x) = \frac{1}{nh^d}\sum_{i=1}^{n} K\left[\frac{(x - x_i)}{h}\right]$$

其中，$K\left[\frac{(x - x_i)}{h}\right]$为核密度分析方程，$x_i$为点核密度，$x$代表网格中心的核密度，$n$表示阈值范围内的点数，$h$代表阈值，$d$代表数据维度。

2. 空间重心和标准差椭圆

空间重心可以表征经济要素时空分布特征，其移动方向表明高值空间集聚的转移，移动距离可以反映要素变化幅度的空间差异。计算公式为：

$$\bar{x} = \frac{\sum_{i=1}^{n} M_i x_i}{\sum_{i=1}^{n} M_i}, i = 1\cdots n$$

$$\bar{y} = \frac{\sum_{i=1}^{n} M_i y_i}{\sum_{i=1}^{n} M_i}, i = 1\cdots n$$

其中，（$\bar{x}$，$\bar{y}$）为区域某要素的空间重心坐标，（x_i，y_i）为区域内第i个城市的重心坐标，M_i表示区域内第i个城市的某种要素的指标值，在此用来表示山东半岛城市群各城市的绿色经济指标值和经济指标值。

标准差椭圆常用于分析某种要素的空间分布特征，度量数据的方向和分布，主要参数包括中心点（重心）、长短半轴、椭圆面积与周长、方位角等要素。标准差椭圆的长轴和短轴分别表示数据分布的方向和范围，二者之间差距越大，椭圆的扁率越大。

3. 引力模型、最大引力线和断裂点公式

通过对传统引力模型进行修正，以衡量山东半岛城市群城市之间绿色经济联系。公式为：

$$R_{AB} = K\frac{M_aM_b}{D_{AB}^2}$$

其中，R_{AB}表示两城市绿色经济联系强度；K代表引力系数，理论上取为 1；M_a、M_b分别表示 A、B 两城市的绿色经济评价值；D_{AB}代表 A、B 城市之间的最短时间距离。

最大引力线是某城市和与该城市联系最强的城市之间的连线，一个城市被最大引力线连接的次数越多，说明该城市的中心性越强。其具体计算公式如下：

$$R_A^{\max} = [R_{A1}, R_{A2}, \cdots, R_{An}]$$

用断裂点表示某城市与其他城市发生联系时的作用点，离断裂点越远的城市，其引力作用相对较大，从而可以判断城市间绿色经济联系的方向。断裂点公式可以表示为：

$$D_A = \frac{D_{AB}}{1 + \sqrt{M_B/M_A}} \quad D_B = \frac{D_{AB}}{1 + \sqrt{M_A/M_B}}$$

其中，D_A表示断裂点到城市 A 的距离，D_B表示断裂点到城市 B 的距离。

第八章 山东半岛城市群绿色经济空间结构研究

第一节 山东半岛城市群绿色经济演变

利用投影寻踪模型分析山东半岛城市群2001—2017年绿色经济发展变化。数据主要来源于2002—2018年《山东统计年鉴》，2002—2018年各市统计年鉴、年鉴和统计公报，2002—2018年《中国城市统计年鉴》等，部分缺失数据用平均值法补足。碳排放的数据在参考刘宇、涂华等研究的基础上，利用投入产出法，将区域二氧化碳的排放量分为能源消耗和水泥生产两部分，利用不同能源的二氧化碳折算系数和水泥生产的二氧化碳排放系数计算区域二氧化碳排放总量。其中，标准煤二氧化碳排放值取2.54 CO_2/tce，水泥生产二氧化碳排放系数取值为0.502 CO_2/t。

一、整体绿色经济发展水平演变

（一）绿色经济发展水平呈上升趋势，且高于山东省整体水平

选取山东半岛城市群作为研究对象，运用 DPS 数据处理系统和投影寻踪模型，得到不同时期的绿色经济总投影值及投影目标函数 $Q(a) = 20.8711$，指标体系中 25 个指标的最佳投影方向向量分别为 $a = [0.0710, 0.1899, 0.1334, 0.1335, 0.1549, 0.2006, 0.2086, 0.1580, 0.1065, 0.0927, 0.1091, 0.0966, 0.1152, 0.2106, 0.2502, 0.2360, 0.2303, 0.1946, 0.1963, 0.1338, 0.1706, 0.1619, 0.5056, 0.2888, 0.3833]$，将不同时期 8 个城市的绿色经济综合评价值取平均数，即为山东半岛城市群各年份的绿色经济综合评价值（见图 8－1）。2001—

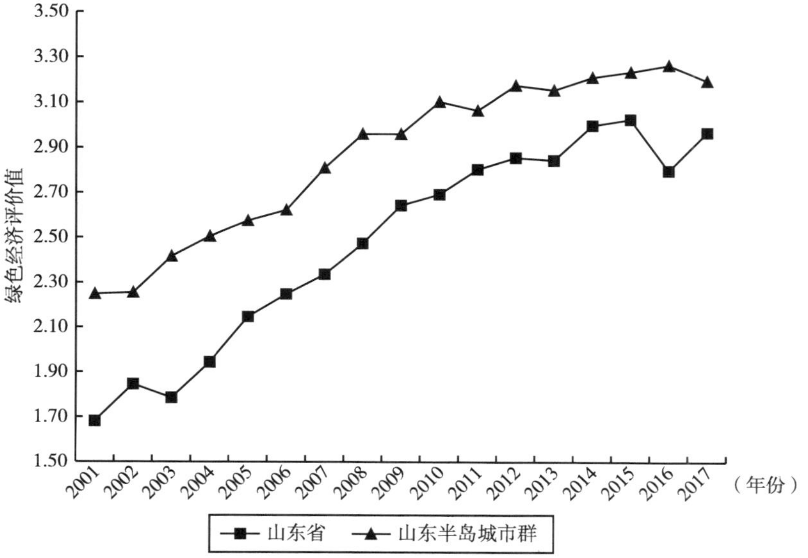

图 8－1　2001—2017 年山东半岛城市群和山东省绿色经济发展趋势图

2017 年，山东半岛城市群绿色经济水平整体上表现为上升趋势，由 2001 年的 2.248 增长至 2017 年的 3.199，平均增长率为 2.26%。

山东半岛城市群和山东省绿色经济发展均呈现上升趋势，且山东半岛城市群绿色经济发展水平明显高于山东省绿色经济发展水平。从山东省和山东半岛城市群绿色经济的差异看，17 年间，山东半岛城市群绿色经济发展水平增加 42.27%，山东省绿色经济发展水平增加 76.58%，山东省绿色经济增长速度大于山东半岛城市群。17 年间，二者绿色经济发展的差距有所缩小，由 2001 年的 0.57 缩小为 2017 年的 0.23，表明山东省各地区绿色经济发展逐渐趋于协调。

山东半岛城市群绿色经济水平变化趋势和山东省大致相同，可以分为三个阶段：

(1) 2001—2002 年处于绿色经济缓慢发展阶段。进入 21 世纪以来，山东省提出“大而强、富而美”的战略目标，抓住生态优化、城市建设、循环经济三个重点，促进山东省绿色经济发展。

(2) 2003—2013 年处于绿色经济快速发展阶段。2003 年，山东省坚持科学发展观，积极贯彻可持续发展战略，提出构筑生态环境和城市建设的主要目标是建设良性循环的大生态系统、增强城市经济的集聚和辐射带动功能以及发展循环经济、构建生态经济体系，山东半岛城市群绿色经济进入快速发展阶段。

(3) 2014—2017 年处于绿色经济平稳发展阶段。自 2014 年起，山东省更加注重提高经济增长质量，山东半岛城市群绿色经济开始呈现稳中有进的新局面。

（二）各城市绿色经济发展水平显著上升，差距有所缩小

2001—2017年，山东半岛城市群8个城市绿色经济投影值及排名见表8-1。8个城市的绿色经济水平均有明显提高，其中，绿色经济增长最快的城市是东营和济南，年均增长率分别为9.42%和7.15%，绿色经济水平增长最慢的城市为潍坊，年均增长率为3.95%。2001年，山东半岛城市群绿色经济发展水平最高的城市为青岛，其绿色经济评价值比最低水平的淄博高1.45；2017年，绿色经济投影值极值差为0.93。山东半岛城市群城市间绿色经济的差距在波动中出现缩小趋势。

表8-1　2001—2017年山东半岛城市群8城市绿色经济投影值及排名

年份	济南	青岛	淄博	东营	烟台	潍坊	威海	日照
2001	2.340 (4)	2.924 (1)	1.476 (8)	1.714 (7)	2.422 (3)	2.113 (5)	2.859 (2)	2.037 (6)
2002	2.141 (6)	2.981 (1)	1.237 (8)	1.838 (7)	2.503 (3)	2.370 (4)	2.723 (2)	2.248 (5)
2003	2.363 (6)	2.816 (2)	1.640 (8)	2.208 (7)	2.635 (3)	2.446 (5)	2.865 (1)	2.462 (4)
2004	2.562 (5)	3.081 (1)	1.803 (8)	2.381 (6)	2.761 (3)	2.587 (4)	2.826 (2)	2.145 (7)
2005	2.556 (4)	2.967 (1)	1.944 (8)	2.474 (6)	2.826 (3)	2.477 (5)	2.917 (2)	2.445 (7)
2006	2.620 (5)	3.150 (1)	2.088 (8)	2.522 (6)	2.788 (3)	2.664 (4)	2.985 (2)	2.271 (7)
2007	2.886 (5)	3.344 (1)	2.345 (8)	2.600 (6)	2.960 (2)	2.897 (4)	2.921 (3)	2.538 (7)
2008	2.912 (5)	3.199 (1)	2.419 (8)	2.850 (6)	3.165 (2)	2.944 (4)	3.110 (3)	2.584 (7)

续表

年份	济南	青岛	淄博	东营	烟台	潍坊	威海	日照
2009	3.169 (4)	3.384 (1)	2.593 (7)	2.957 (6)	3.302 (2)	2.998 (5)	3.202 (3)	2.387 (8)
2010	3.221 (4)	3.445 (1)	2.842 (7)	2.971 (6)	3.234 (3)	3.008 (5)	3.364 (2)	2.754 (8)
2011	3.106 (4)	3.670 (1)	2.604 (8)	2.957 (5)	3.316 (3)	2.908 (6)	3.346 (2)	2.622 (7)
2012	3.233 (4)	3.766 (1)	2.861 (8)	3.069 (5)	3.317 (3)	3.062 (6)	3.329 (2)	2.916 (7)
2013	3.243 (4)	3.639 (1)	2.867 (7)	2.990 (6)	3.334 (3)	3.061 (5)	3.509 (2)	2.832 (8)
2014	3.337 (3)	3.741 (1)	2.876 (8)	3.109 (6)	3.294 (4)	3.113 (5)	3.543 (2)	2.897 (7)
2015	3.340 (3)	3.881 (1)	2.851 (8)	3.123 (5)	3.192 (4)	3.122 (6)	3.623 (2)	2.990 (7)
2016	3.221 (4)	3.924 (1)	2.959 (7)	3.221 (4)	3.417 (3)	3.131 (6)	3.638 (2)	2.947 (8)
2017	3.556 (3)	3.665 (2)	2.769 (8)	3.315 (5)	3.410 (4)	2.902 (6)	3.696 (1)	2.784 (7)

注：（）中的数字是城市该年的绿色经济投影值排名。

（三）绿色经济发展基础不同，增长幅度存在差异

根据各城市绿色经济初始水平（2001年投影值）和增长幅度，将山东半岛城市群8个城市分为四种类型：

（1）高水平低增长城市，主要是青岛和威海。青岛和威海绿色经济水平在山东半岛城市群一直稳居前两位，但绿色经济效率年均增长率仅为4.36%和4.92%，增长幅度小于山东半岛城市群大部分城市。

（2）高水平高增长城市，主要是济南和烟台。2009年以

后，济南绿色经济水平明显提升且增长稳定，处于山东半岛城市群中等偏上水平；烟台绿色经济发展紧随青岛和威海，且年均增长率仅小于东营，绿色经济水平提升较快。

（3）低水平高增长城市，主要是东营和淄博。淄博绿色经济基础薄弱，2001—2017 年绿色经济水平一直位于山东半岛城市群低端，但其增长幅度较大，由 2001 年的 1.48 增加到 2017 年的 2.77，绿色经济综合评价值增加 87.60%，与其他城市的差距明显减小。2001—2017 年，东营绿色经济增长幅度相对较大，排名由第 7 名升至第 5 名。

（4）低水平低增长城市，主要是日照和潍坊。日照和潍坊绿色经济水平一直位于山东半岛城市群中等偏下位置，且绿色经济发展动力不足，增长幅度较小。

二、经济效益、社会效益和生态环境效益演变

（一）三大效益均有所提高，经济效益上升幅度最大

将各指标的最佳投影方向向量与其标准值相乘求和，分别得到各城市经济效益、社会效益和生态环境效益三个子系统的投影值。根据不同时期山东半岛城市群 8 个城市的绿色经济综合评价值和系统层各指标投影值的平均数，得到山东半岛城市群每个时期的绿色经济综合评价值以及经济效益子系统层、社会效益子系统层和生态环境效益子系统层分别对应于绿色经济综合评价值的投影值（见表 8 - 2）。三大效益子系统的投影值在 2001—2017 年呈现不同幅度的上升趋势，表明山东半岛城市群的经济效益、社会效益和生态环境效益提高。

表 8－2　2001—2017 年山东半岛城市群绿色经济水平及构成

年份	经济效益	社会效益	生态环境效益	绿色经济水平
2001	0.392	0.712	1.144	2.248
2006	0.514	0.848	1.262	2.624
2011	0.810	0.913	1.343	3.066
2017	1.045	0.926	1.294	3.262

经济效益上升幅度最大，在 2001—2017 年由 0.392 上升至 1.045，年均增长率为 4.08%。社会效益由 2001 年的 0.712 上升至 2017 年的 0.926，年均增长率为 1.33%。绿色经济强调生态环境效益，但在短期目标中往往更注重经济增长，生态环境效益增长幅度远小于经济效益增长幅度，年均增长率仅为 0.94%。

（二）生态环境效益较高，经济效益和社会效益有待提升

在对山东半岛城市群绿色经济测算中，对绿色经济总投影值贡献最大的是生态环境效益，说明山东半岛城市群注重对自然资源和生态环境的保护与合理利用。

山东半岛城市群经济总量较大，人均 GDP 和经济密度逐年上升，但经济效益相对不足，主要因为第二产业占比较高。2007 年，济南成为山东半岛城市群第一个第三产业增加值超过第二产业的城市，并在 2009 年成为第一个第三产业贡献率超过 50% 的城市。截至 2017 年，仅有青岛和济南两个城市的第三产业占比在 50%—60%。2001—2017 年，经济效益相较于其他两个子系统提高幅度最大，与绿色经济综合评价值变化幅度基本一致。

2001—2017年，社会效益略有上升。山东半岛城市群平均城乡收入水平差异在2001—2017年一直维持在2.2—2.6。城乡恩格尔系数差异在波动中上升，居民消费水平差距拉大，社会公平亟待提高。从人民生活质量看，居民选择绿色出行的比例略有提高，说明绿色生活的意识已经初步形成。城市绿化覆盖面积变化不大，全年空气质量优良率上升，2017年，山东半岛城市群平均空气质量优良率达87.96%，居民生活环境有所改善。自2013年，经济效益对绿色经济的贡献率略超过社会效益，经济与社会发展趋于协调（见图8-2）。

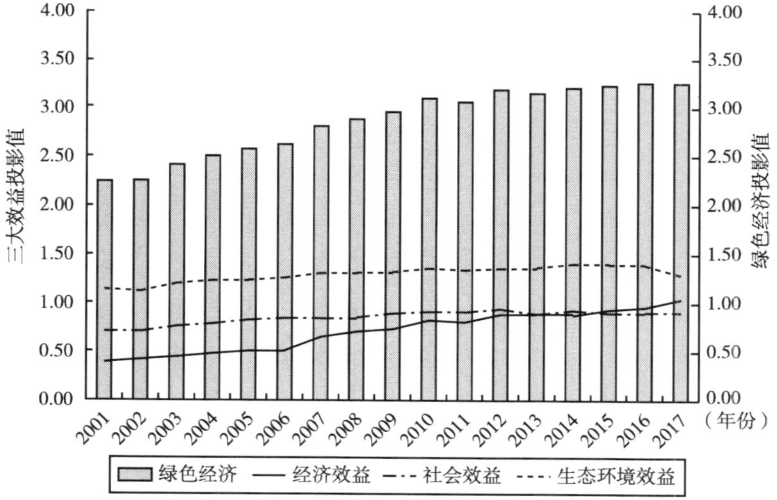

图8-2　2001—2017年山东半岛城市群绿色经济及三大效益投影值图

（三）城市之间经济效益与社会效益差距逐渐缩小，生态环境效益差距明显

2001—2017年，山东半岛城市群城市之间经济效益和社会

效益表现为“不均衡—较均衡”的发展态势，生态环境效益表现为“不均衡—较均衡—不均衡”的发展态势（见图 8－3）。

经济效益逐渐提高，城市间经济效益投影值逐渐趋于均衡，极值差由 0.412 缩小至 0.298。2001 年，除最低的东营经济效益值为 0.147，其他各城市的经济效益投影值均在 0.3—0.6。2006 年，青岛和济南是山东半岛城市群经济效益最高的城市，其投影值在 0.6 以上，其余 6 城市投影值均在 0.4—0.55，较均衡。2011 年，青岛仍然是经济效益最高的城市，经济效益投影值达 0.976，其他城市投影值提高至 0.6—0.9。2017 年，山东半岛城市群城市间经济效益均衡情况进一步提升，经济效益投影值均在 0.88—1.2，城市间经济效益差距逐渐减小。

社会效益最高值与最低值之间的差距缩小 54.26%。2001 年，城市间社会效益较不均衡，青岛、烟台和威海是山东半岛城市群社会效益最高的城市，社会效益投影值在 0.8 以上，潍坊、日照、济南、淄博社会效益投影在 0.55—0.75，东营是社会效益投影值最低的城市，仅为 0.45。2006—2011 年，社会效益较高的城市有威海、青岛和烟台，社会效益投影值均超过 0.9，其他 5 城市社会效益投影值均在 0.7—0.9，社会效益均衡态势初显。2017 年，山东半岛城市群整体社会效益有所下滑，但均衡态势明显，8 个城市社会效益投影值均在 0.8—1.1，极值差为 0.27。

城市间生态环境效益差距较明显，2001—2017 年呈现“不均衡—较均衡—不均衡”的趋势。2001 年，城市间生态环境效益不均衡，表现在青岛和威海是生态环境效益最高的城市，投影值超过 1.45；烟台、潍坊、济南、东营生态环境效益位于第二梯队，投影值均在 1.0—1.3；与其他城市相比，日照和淄博生态环境效益较低。2006—2011 年，生态环境效益较均衡，水平提高，差距明显减小，生态环境效益投影值基本都在 1 以上，青岛、烟台和威海是生态环境效益最高的城市。2017 年，山东半岛城市群生态环境效益呈现明显的非均衡态势，淄博和日照生态环境效益明显退步，投影值小于 1，远低于其他城市（见图 8－3）。

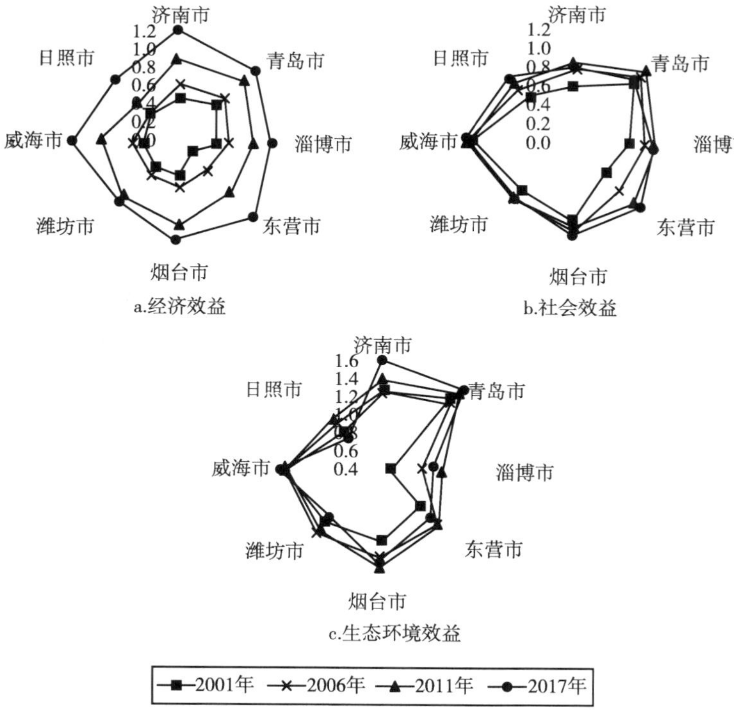

图 8－3 山东半岛城市群各城市绿色经济三大效益演化图

三、绿色经济内部系统协调演变

利用系统协调度模型测度山东半岛城市群绿色经济系统间协调状况（见图 8－4）。2001—2017 年，山东半岛城市群绿色经济协调度明显提高。在绿色经济系统间协调度变化趋势上，青岛、东营、烟台、潍坊、威海和山东半岛城市群呈阶梯状上升，淄博和日照先降后升，济南先升后降。在绿色经济系统间协调度增长幅度上，东营增长幅度最大，年均增长率为 3.47%，淄博年均增长率仅为 0.29%，其他 6 个城市年均增长率均在 1%—2%。

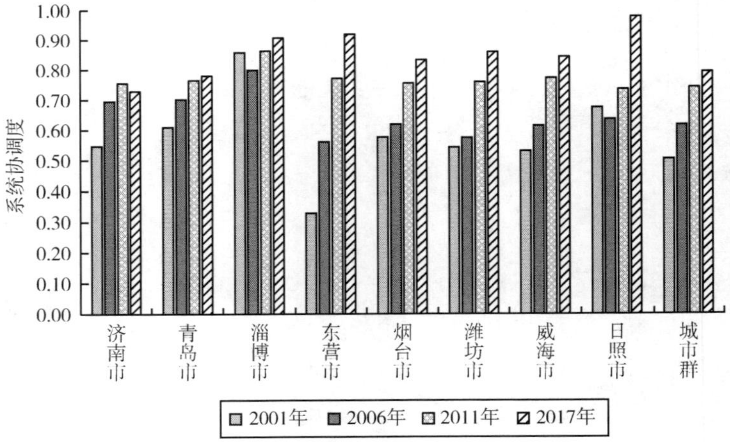

图 8－4　2001—2017 年山东半岛城市群城市绿色经济系统协调度演变图

具体看，2001 年，各城市绿色经济系统间协调度较低，东营处于严重失调状态，协调度仅为 0.48，较为失调的城市有济南、烟台、潍坊和威海，青岛和日照处于中度协调状态，淄博是协调度最高的城市和绿色经济投影值最低的城市，处于较低质量的协调发展状态。2006 年，山东半岛城市群已经没有严重失调的城市，较失调的城市为东营和潍坊，中度协调的城市由 2001 年的 2 个增至 5 个，淄博是协调度最高的城市。2011 年，山东半岛城市群各城市协调度有很大提升，中度协调的城市仅有日照，其他城市均处于较协调状态，但仍然没有高级协调的城市。2017 年，淄博、东营、日照已发展为高级协调城市，其中，东营是一种较高质量的协调，而淄博和日照是低质量的高级协调。青岛、烟台、威海和潍坊较协调，济南协调度最低，为中度协调城市。从山东半岛城市群整体看，2001 年处于较失调状态，2006 年和 2011 年处于中度协调状态，2017 年上升至较协调状态，17 年间协调度由 0.502 升至 0.791，年均增长率为 1.7%。

第二节　山东半岛城市群绿色经济空间结构

一、绿色经济空间分异特征

选取 2001 年、2006 年、2011 年和 2017 年四个时间节点，利用 ArcGIS10.3 软件对山东半岛城市群八个城市的绿色经济及各子系统水平做分级空间分布图。

（一）绿色经济整体空间分异特征

根据绿色经济总投影值，将山东半岛城市群绿色经济水平分为低水平（0.00—1.60）、中低水平（1.60—2.90）、中高水平（2.90—3.60）和高水平（3.60—4.90）四个等级。

根据山东半岛城市群绿色经济空间分异格局图进行分析。2001—2017年，山东半岛城市群绿色经济水平呈明显的区域差异，高水平绿色经济城市较少，大部分城市绿色经济处于中高水平和中低水平阶段。从整体看，各城市绿色经济水平逐步向中高水平和高水平迈进。

1. 区域差异明显，表现为非均衡—较均衡—非均衡，点轴布局模式初步形成

2001—2006年，山东半岛城市群唯一一个低绿色经济水平城市——淄博转为中低绿色经济水平城市，中高绿色经济水平城市由1个增至3个即青岛、烟台和威海，济南、东营、潍坊、日照继续保持中低绿色经济水平。山东半岛城市群绿色经济整体水平不高，没有出现高绿色经济水平城市。2006—2011年，山东半岛城市群绿色经济发展明显进步，具体表现为：青岛由中高绿色经济水平转为高绿色经济水平，是山东半岛城市群第一个高绿色经济水平城市；中高绿色经济水平城市明显增多，除原先的威海、烟台外，济南、东营、潍坊和日照发展为较高绿色经济水平城市；淄博依然是山东半岛城市群绿色经济发展水平最低的城市，为中低绿色经济水平城市；没有低绿色经济水平城市。2011—2017年，青岛和威海是山东半岛城市群绿色经济发展最好的城市，均属高绿色经济水平城市；烟台、东营、济南和日照保持中高绿色经济水平；淄博依然是山东半岛城市群绿色经济水平最低的城市，潍坊绿色经济水平在2017年有所下降，转为中低绿色经济水平。2001—2017年，青岛是山东半岛城市群绿色经济水平最高的城市，是山东半岛城市群的绿色

经济增长极。随着 2014 年青荣城际铁路建成通车，青岛、烟台、威海三市联系更加紧密，形成青岛—烟台—威海绿色经济发展轴线。

2. 绿色经济整体水平稳步前进，且出现不显著的两极化空间格局

利用 Stata 软件对山东半岛城市群绿色经济投影值进行计量，得到其核密度估计曲线（见图 8－5）。从位置看，2001—2017 年整体向右移动，表明山东半岛城市群绿色经济水平显著提高。从峰值看，与 2001 年相比，2006—2017 年峰值高度明显偏高，波峰变陡且波峰宽度区间变窄，表明山东半岛城市群绿色经济水平稳步提高，且城市间绿色经济差距减小。从形状看，2001—2011 年山东半岛城市群绿色经济核密度估计曲线表现为单峰，绿色经济发展较收敛，山东半岛城市群绿色经济发展较协调；2017 年，

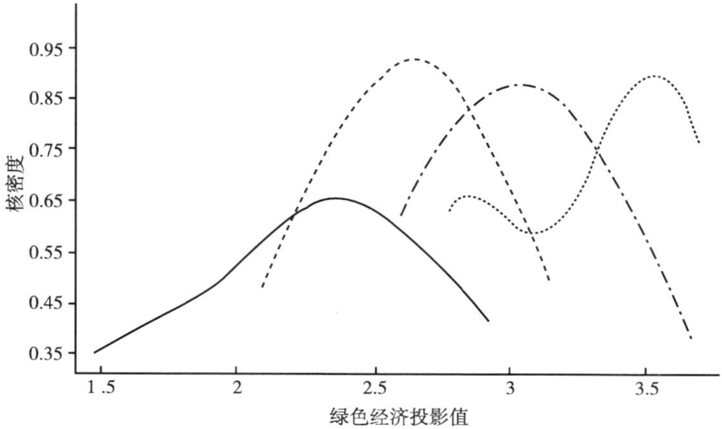

图 8－5　山东半岛城市群绿色经济核密度估计图

核密度曲线表现为一个主峰和一个侧峰，绿色经济在空间上呈现不太显著的两极化格局。从曲线分布看，2001—2017 年核密度曲线逐渐由左偏态分布表现为右偏态分布，表明山东半岛城市群绿色经济增长速度由低速低水平转向高速发展。

（二）经济效益空间分异特征

经济效益是一个地区经济发展质量的集中体现。根据经济效益投影值，将经济效益分为低水平（0—0.45）、中低水平（0.45—0.70）、中高水平（0.70—0.95）、高水平（0.95—1.20）四个等级，利用 ArcGIS10.3 软件进行可视化。

根据山东半岛城市群经济效益空间分异格局图进行分析。山东半岛城市群经济效益差异显著，在空间上表现为以下特征：以点带面，济南、青岛双核心作用明显。山东半岛城市群第二产业比重较高，经济效益水平不高。2001 年，经济效益呈现明显的济南、青岛双核心空间结构。济南、青岛分别是山东半岛城市群西部和东部地区经济效益最高的城市，且对周围城市的辐射带动作用明显。山东半岛城市群整体经济效益逐步提高，内部差异缩小。在空间上，高水平经济效益城市表现为点状分布，低水平经济效益城市连结成面分布，表现在：在经济效益整体较低时，低水平和中低水平城市呈面状分布，中高水平城市呈点状分布；当经济效益整体水平较高时，中高水平城市呈面状分布，高水平城市呈点状分布。

（三）社会效益空间分异特征

社会效益是社会公平和城市生活质量的综合体现。根据社会效益投影值，将社会效益分为低水平（0—0.65）、中低水平

（0.65—0.85）、中高水平（0.85—1.10）、高水平（1.10—1.30）四个等级，利用 ArcGIS10.3 软件进行可视化。

根据山东半岛城市群社会效益空间分异格局图进行分析。山东半岛城市群社会效益块状分布明显，东部城市社会效益高于其他城市。2001 年，济南、淄博、东营是山东半岛城市群社会效益低水平城市，在空间上呈块状分布；潍坊和烟台社会效益为中低水平，青岛和威海是山东半岛城市群社会效益最高的城市。与 2001 年相比，2006 年山东半岛城市群社会效益呈明显的块状分布，高值集聚在东部地区，低值集聚在西部地区，空间分异特征显著。相较于 2006 年，2011 年威海和东营经济效益明显上升，威海成为山东半岛城市群第一个高水平社会效益城市；青岛和烟台社会效益在中高水平呈块状分布，济南、淄博、潍坊和日照等城市社会效益在中低水平呈块状分布。2017 年，社会效益分布较均衡，济南和淄博是仅有的社会效益为中低水平的城市，其他城市的社会效益均表现为中高水平，且在空间上呈块状分布。

（四）生态环境效益空间分异特征

根据生态环境效益投影值将生态环境效益分为低水平（0—0.90）、中低水平（0.90—1.20）、中高水平（1.20—1.60）、高水平（1.60—1.80）四个等级，利用 ArcGIS10.3 软件进行可视化。

根据山东半岛城市群生态环境效益空间分异格局图进行分析。山东半岛城市群生态环境效益不均衡，济南、青岛双核心空间格局逐渐凸显。具体表现为：

（1）2001—2017 年，高水平和低水平城市在空间上呈点状分布，中低水平城市由点状分布转为块状分布，中高水平城市主要呈块状分布。青岛在2011年已成为生态环境效益高水平城市；济南、烟台和威海生态环境效益一直稳定提高，表现为高水平；淄博和东营生态环境效益明显提高，潍坊和日照生态环境效益有所下降。

（2）2011—2017年，济南、青岛分别是山东半岛城市群西部和东部地区生态环境效益最高的城市。

二、绿色经济空间分布方向和重心转移

利用ArCGIS10.3软件，基于山东半岛城市群绿色经济投影值和三大效益投影值，分别计算其在2001年、2006年、2011年、2017年的标准差椭圆。根据山东半岛城市群绿色经济标准差椭圆及重心演变图进行分析。2001—2017年，山东半岛城市群绿色经济重心、经济效益重心和生态环境效益重心均出现向西北方向偏移的趋势，社会效益重心向西南方向移动。在偏移距离上，经济效益重心整体移动距离最远，向西北方向偏移18.61千米。生态环境效益重心偏移距离最小，为9.83千米。绿色经济重心和经济效益重心在2001—2017年分别向西北方向移动12.54千米和13.78千米（见表8－3）。

表8－3　　绿色经济及三大效益重心转移

重心转移	绿色经济	经济效益	社会效益	生态环境效益
距离（千米）	12.54	13.78	18.61	9.83
方向	西北	西北	西南	西北

（一）绿色经济整体空间分布方向和重心转移

山东半岛城市群绿色经济主要在东北—西南方向分布，且略有收缩趋势，重心由东南向西北方向转移，迁移速度降低。2001—2017年，山东半岛城市群绿色经济重心由青岛转向潍坊，在2001—2006年向西北方向迁移7.79千米，在2006—2011年向西北方向移动2.24千米，在2011—2017年继续向西北方向迁移，迁移距离为2.59千米（见表8-4）。

从表8-4可以看出，2001—2011年，绿色经济标准差椭圆的扁率存在缩小趋势，椭圆面积有所增加，表明绿色经济在东北—西南方向呈收缩趋势，西北—东南方向呈扩张趋势，且收缩趋势强于扩张趋势，绿色经济发展范围有所扩大。2011—2017年，扁率增加，椭圆面积明显上升，说明山东半岛城市群绿色经济在东北—西南方向的发展趋势明显，绿色经济发展范围继续扩大，山东半岛城市群绿色经济水平差距减小。2001—2017年，转角一直维持在71°—73°，呈小幅度上升趋势，说明绿色经济的标准差椭圆存在微弱的顺时针转动趋势，西南地区的城市对山东半岛城市群绿色经济的拉动作用增强，表明随着济南绿色经济水平的提高，其对西南地区逐渐发挥带动作用。

表8-4 2001—2017年山东半岛城市群绿色经济标准差椭圆参数分析

年份	重心位置	迁移方向	距离（千米）	扁率	转角（°）	面积（平方千米）
2001	（36.73°N，119.53°E）	—	—	0.576	71.12	47 377.66

续表

年份	重心位置	迁移方向	距离（千米）	扁率	转角（°）	面积（平方千米）
2006	(36.74°N, 119.45°E)	西北	7.79	0.557	72.12	47 586.94
2011	(36.75°N, 119.42°E)	西北	2.24	0.555	72.31	47 558.40
2017	(36.76°N, 119.40°E)	西北	2.59	0.559	72.68	48 773.49

（二）三大效益空间分布方向和重心转移

根据山东半岛城市群三大效益标准差椭圆及重心演变图进行分析。经济效益、社会效益和生态环境效益在空间上沿东北—西南方向分布。2001—2017 年，经济效益在东北—西南方向和西北—东南方向均呈现扩张态势，标准差椭圆扁率减小，表明经济效益在西北—东南方向的扩张趋势强于在东北—西南方向的扩张趋势。经济效益分布范围扩大，西南地区的城市对经济效益的带动作用增强。社会效益在东北—西南方向呈现收缩趋势，在西北—东南方向呈现扩张趋势，且收缩趋势弱于扩张趋势。社会效益空间分布范围扩大，标准差椭圆顺时针转动趋势明显，说明西南方向城市的社会效益显著增强并发挥带动作用。生态环境效益在东北—西南方向呈扩张趋势，在西北—东南方向呈收缩趋势，且扁率在 2001—2017 年总体呈增加态势，表明山东半岛城市群生态环境效益在东北—西南方向方向性较显著，但标准差椭圆面积有所减小，生态环境效益分布范围缩小，区域生态环境效益不平衡性增加（见表 8－5）。

表 8－5　2001—2017 年绿色经济三大效益标准差椭圆参数分析

	年份	重心位置	迁移方向	距离（千米）	扁率	转角（°）	面积（平方千米）
经济效益	2001	(36.63°N, 119.32°E)	—	—	0.578	71.75	45 279.16
	2006	(36.73°N, 119.31°E)	西北	10.09	0.575	73.27	46 092.05
	2011	(36.76°N, 119.36°E)	东北	5.04	0.568	72.90	45 975.43
	2017	(36.75°N, 119.33°E)	西南	2.59	0.549	73.00	49 404.37
社会效益	2001	(36.73°N, 119.66°E)	—	—	0.588	69.66	46 080.02
	2006	(36.74°N, 119.51°E)	西南	13.37	0.553	71.19	47 673.97
	2011	(36.75°N, 119.48°E)	西北	2.76	0.550	71.72	48 590.55
	2017	(36.75°N, 119.45°E)	西北	2.51	0.524	71.50	49 895.75
生态环境效益	2001	(36.75°N, 119.53°E)	—	—	0.568	72.20	48 310.96
	2006	(36.76°N, 119.46°E)	西南	5.68	0.547	72.25	47 959.15
	2011	(36.75°N, 119.42°E)	西南	3.36	0.550	72.33	47 719.31
	2017	(36.78°N, 119.42°E)	西北	3.24	0.593	73.13	46 940.15

三者重心转移轨迹存在差异。经济效益重心在2001—2006年向西北方向移动10.09千米，在2006—2011年向东北方向迁移5.04千米，在2011—2017年向西南方向迁移2.59千米，移动速度逐渐降低。社会效益重心在2001—2006年向西南方向转移，在2006—2017年存在向西（略偏北）转移的趋势，移动距离分别为13.37千米、2.76千米和2.59千米。生态环境效益重心在2001—2006年出现明显向西、略微偏南的方向移动，移动距离为5.68千米。在2006—2011年，生态环境效益重心明显向西南方向迁移，迁移距离为3.36千米，在2011—2017年，继续向西北方向移动3.24千米。在2001—2017年，经济效益重心一直落在潍坊，社会效益重心和生态环境效益重心逐渐由青岛转移至潍坊。

三、绿色经济空间关联格局

利用修正后的引力模型，分别计算2001年、2006年、2011年和2017年山东半岛城市群绿色经济空间联系强度。当绿色经济引力强度小于1.5时，两个城市间绿色经济联系极弱，认为基本无联系；引力强度在（2.5，10），认为绿色经济联系较弱；引力强度在（10，50），认为绿色经济联系一般；引力强度在（50，80），认为绿色经济联系较强；引力强度在（80，100），认为绿色经济联系极强。利用ArcGIS10.3软件对山东半岛城市群绿色经济联系强度进行可视化分析。

根据山东半岛城市群绿色经济空间关联格局图进行分析。2001—2017年，绿色经济空间联系总量略增加，但联系强度不大，大部分城市间绿色经济联系较弱，绿色经济引力强度有待提高。2001 年，山东半岛城市群绿色经济联系较弱。2006—2017 年，绿色经济联系在东西方向有所加强。

2001 年，具有绿色经济联系的城市共有 9 对，烟台—威海、济南—淄博、淄博—潍坊具有一般水平的绿色经济联系，其他 6 对城市绿色经济联系较弱，绿色经济联系多因地理邻近性产生。2006 年，山东半岛城市群具有绿色经济联系的城市增至 12 对，济南—青岛、潍坊—日照、烟台—潍坊的绿色经济联系开始建立，但处于较弱水平。青岛—烟台的绿色经济联系明显加强，烟台—威海绿色经济联系发展至较强水平，已成为山东半岛城市群绿色经济联系最强的城市对。2011 年，烟台—威海仍然是山东半岛城市群绿色经济联系最强的城市对，济南—淄博绿色经济联系提升至较强水平，青岛—烟台、淄博—潍坊继续保持一般水平的绿色经济联系，东营打破孤立发展局面，开始与青岛建立较弱的绿色经济联系；山东半岛城市群具有绿色经济联系的城市共有 13 对。2017 年，具有绿色经济联系的城市增至 14 对，东营与淄博之间的绿色经济联系已经建立。烟台—威海绿色经济联系密切，已至极强水平。济南—淄博绿色经济联系保持较强水平。淄博—潍坊、青岛—烟台绿色经济联系没有明显增强，一直保持一般水平。其他 10 对城市间虽然存在绿色经济联系，但联系较弱。

与各城市绿色经济联系最强的城市之间的连线即为最大引力线。城市绿色经济水平越高，且被最大引力线联结的次数越多，其中心性越强。2001—2017 年，山东半岛城市群绿色经济发展水平较高的城市为青岛、威海、烟台和济南，其中，穿过青岛和烟台的最大引力线最多，均为两条，但青岛绿色经济发展水平明显高于烟台，青岛在山东半岛城市群绿色经济发展中处于中心地位。从引力强度看，烟台—威海的引力强度远高于其他城市最大引力强度。烟台—威海、济南—淄博原始绿色经济引力较强的城市对，引力强度增速较大，而东营等与其他城市绿色联系较弱的城市对，绿色经济联系增速较小，山东半岛城市群绿色经济联系的差距趋于增大（见表 8 - 6）。

表 8 - 6　山东半岛城市群各城市最大引力线分布情况

最大引力线	引力强度			
	2001 年	2006 年	2011 年	2017 年
济南—淄博	25.53	39.96	59.08	71.92
青岛—烟台	8.19	10.15	14.07	14.45
淄博—济南	25.53	39.96	59.08	71.92
东营—潍坊	1.12	1.93	2.57	—
东营—淄博	—	—	—	3.00
烟台—威海	47.97	57.63	76.84	87.30
潍坊—淄博	16.86	27.48	38.02	39.68
威海—烟台	47.97	57.63	76.84	87.30
日照—青岛	4.75	5.70	7.67	8.14

用断裂点表示城市与其他城市发生绿色经济联系时的作用点，离断裂点距离越远，说明城市在绿色经济联系中的作用越大。2001—2017 年，烟台—威海、济南—淄博、淄博—潍坊、青岛—烟台的绿色经济联系强于其他城市对，形成青岛—烟台—威海和济南—淄博—潍坊两大绿色经济联系区，呈组团化

发展。选取这四对城市计算其距断裂点的距离（见表8－7），并以2017年为例，根据距离断裂点的远近绘制城市间绿色经济联系方向（见图8－6）。

表8－7　　山东半岛城市群各城市距断裂点距离

联结城市	距断裂点距离			
	2001年	2006年	2011年	2017年
烟台—青岛	103.88	105.67	106.23	107.04
青岛—烟台	114.12	112.33	111.77	108.23
济南—淄博	54.07	51.25	50.64	51.90
淄博—济南	42.93	45.75	46.36	45.47
烟台—威海	31.63	32.44	32.92	32.34
威海—烟台	34.37	33.56	33.08	33.66
淄博—潍坊	48.84	51.65	53.25	54.35
潍坊—淄博	61.16	58.35	56.75	55.65

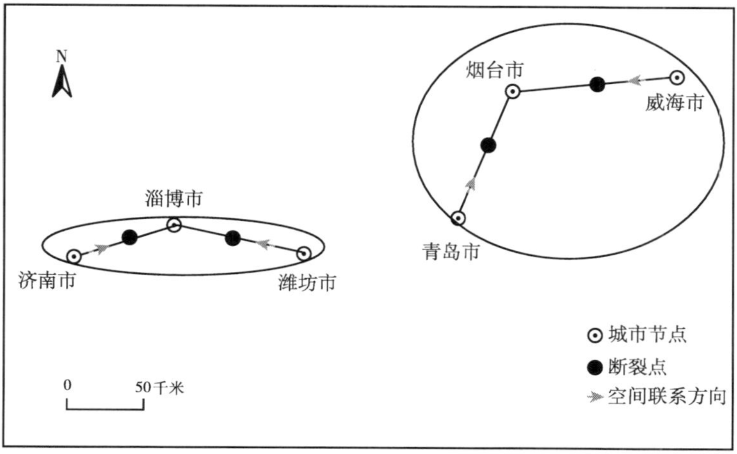

图8－6　山东半岛城市群城市间绿色经济断裂点及组团化空间格局图

在青烟威组团化格局中，从烟台与青岛绿色经济联系看，青岛距断裂点的距离较远，在绿色经济中发挥作用较大，绿色经济联系方向为青岛→烟台。烟台距断裂点的距离逐年增加，表明在青岛—烟台绿色经济联系增强的同时，二者的绿色经济发展水平趋于协调。烟台与威海是绿色经济联系最强的城市对，威海距断裂点的距离略大于烟台，在绿色经济联系中作用较突出，绿色经济联系方向为威海→烟台。在济淄潍组团化格局中，与淄博相比，济南距离断裂点的距离明显更大，二者绿色经济联系方向为济南→淄博，且二者与断裂点的距离差距明显减小，表明济南和淄博的绿色经济水平差距缩小。在淄博和潍坊绿色经济联系中，潍坊主导地位逐渐减弱，淄博与断裂点之间的差距扩大，但绿色经济联系方向仍保持潍坊→淄博不变。

综上可知，山东半岛城市群绿色经济空间结构具有以下特征：第一，济南逐渐发展为山东半岛城市群西部地区的绿色经济增长极。山东半岛城市群绿色经济主要在东北—西南方向分布，且略有收缩趋势，2001—2017 年，绿色经济标准差椭圆存在微弱的顺时针转动的趋势，且绿色经济重心向西北方向移动，表明西部地区的城市对山东半岛城市群绿色经济的辐射带动作用增强，济南作为山东半岛城市群西部地区绿色经济水平最高的城市，对周围地区绿色经济的辐射带动作用开始显现。第二，点轴布局模式。青岛和济南分别与烟台、威海和淄博、潍坊形成组团化发展格局，烟台—威海、济南—淄博、淄博—潍坊、青岛—烟台的绿色经济联系大于其他城市。山东半岛城市群绿色经济空间结构符合点轴布局模式，青岛和济南是山东半岛城市群的绿色经济增长极，沿海轴线和胶济轴线是两条绿色经济发展轴线。第三，山东半岛城市群绿色经济发展不协调，且出现不显著的两极化空间格局，演化特征表现为非均衡—较均衡—非均衡，绿色经济联系不够强。

第三节　山东半岛城市群绿色经济空间结构与经济空间结构对比

将山东半岛城市群绿色经济空间结构与经济空间结构进行对比，发现二者的异同，探讨其形成原因，指出山东半岛城市群绿色经济发展存在的主要问题，对指导山东半岛城市群绿色经济发展具有积极意义。将人均 GDP 作为衡量经济发展的指标，分析传统的经济空间结构。

一、空间分异特征对比

选取 2001 年、2006 年、2011 年和 2017 年四个时间节点，利用 ArcGIS10.3 软件对经济水平做分级空间分布图，将经济水平分为低水平（0—28 000）、较低水平（28 000—56 000）、较高水平（56 000—98 000）和高水平（98 000—180 000）四个等级。根据山东半岛城市群经济空间分异格局图和山东半岛城市群绿色经济空间分异格局图进行分析。2001—2017 年，山东半岛城市群绿色经济水平和经济水平均不断提高，且存在城市差异，绿色经济空间结构与传统经济空间结构存在明显不同。

（一）演变特征不同

山东半岛城市群绿色经济空间结构演变主要表现为非均衡—较均衡—非均衡，城市差异显著；经济空间结构演变主要表现为均衡—非均衡—较均衡。

（二）点轴结构特征不同

山东半岛城市群绿色经济和经济空间结构均表现为点轴布局模式，但经济发展的点轴布局模式更成熟和完善。

（三）各城市绿色经济水平和经济水平表现不同

青岛和威海绿色经济和经济水平均为高水平；济南、烟台和东营绿色经济水平较高，但三者经济水平为高水平，其中东营是山东半岛城市群经济水平最高的城市；日照和潍坊绿色经济水平与经济水平均不高；淄博绿色经济水平一直较低，但其传统经济为高水平。以上表明山东半岛城市群城市绿色经济水平的高低与经济水平的高低并无必然联系。

二、空间分布方向和重心转移对比

根据山东半岛城市群经济标准差椭圆及重心演变图和山东半岛城市群绿色经济标准差椭圆及重心演变图进行分析。与绿色经济空间分布方向相同，山东半岛城市群经济发展方向主要分布在东北—西南方向，二者重心转移方向存在明显差异，山东半岛城市群经济重心在2001—2017年有向正南（略偏西）方向转移的趋势，绿色经济重心向西北方向偏移。

（一）二者重心迁移方向和距离不同

在迁移方向上，绿色经济重心在2001—2017年一直保持向西北迁移，经济重心在2001—2017年分别向西北、西南以及东南方向迁移，整体向正南方向的迁移态势明显。在迁移距离上，绿色经济重心迁移速度降低，整体向西北方向迁移12.54千米；经济重心迁移速度提高，在2001—2017年整体迁移4.26千米。从重心位置看，绿色经济重心在2001—2017年逐渐由青岛转移至潍坊，而经济重心一直分布在潍坊。

（二）二者空间覆盖范围存在差异

2001—2017年，绿色经济标准差椭圆和经济标准差椭圆的面积均有所增加，表明二者覆盖范围扩大，山东半岛城市群绿色经济和经济发展差距有所减小。经济标准差椭圆面积一直大于绿色经济标准差椭圆面积，表明山东半岛城市群经济发展效果好于绿色经济发展效果。

二者扁率都有所减小，在东北—西南方向呈收缩趋势，在西北—东南方向呈扩张趋势，且经济扩张趋势较绿色经济更明显，绿色经济收缩趋势较经济更明显。从椭圆转角看，经济标准差椭圆先顺时针转动后逆时针转动，而绿色经济标准差椭圆一直顺时针转动，且经济标准差椭圆转角始终大于绿色经济标准差椭圆的转角，经济发展更协调（见图8－7）。

（三）二者重心位置均偏离地理重心，绿色经济重心位于经济重心东南方向

与地理重心相比，绿色经济重心向东南方向偏离，经济重心向地理重心的东北方向偏离，但均呈现逐渐向地理重心靠拢

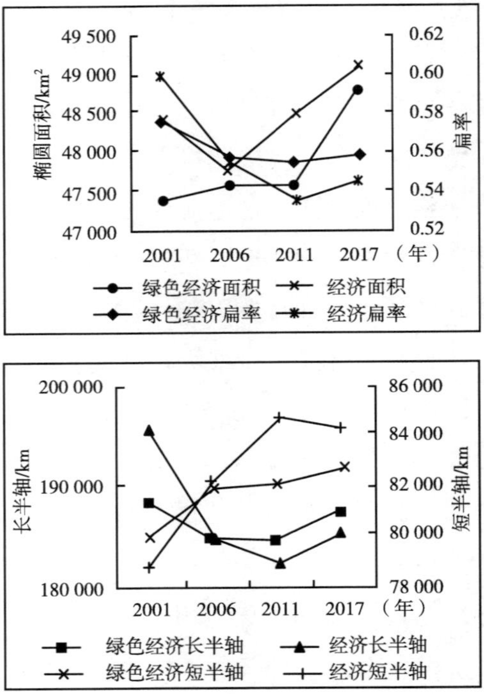

图 8－7　山东半岛城市群经济标准差椭圆参数分析图

的趋势。具体看，绿色经济重心向南偏离程度较小，但明显有向东偏离的趋势，表明山东半岛城市群绿色经济差距主要表现为东西不平衡；经济重心主要向北偏离，东西方向偏离相对不明显，表明山东半岛城市群更应注重南北经济协调发展。2001—2017 年，绿色经济重心和经济重心均向东偏离，且绿色经济重心一直位于经济重心的东南方向，说明山东半岛城市群绿色经济发展和经济发展呈现不同程度的东高西低格局，但与经济发展相比，绿色经济发展东西差距更明显（见图 8－8）。

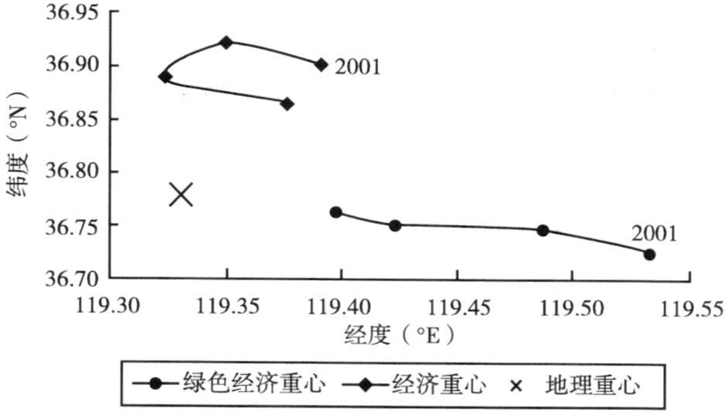

图 8-8　2001—2017 年山东半岛城市群绿色经济重心和经济重心与地理重心对比图

三、空间关联格局对比

根据山东半岛城市群经济空间关联格局图和山东半岛城市群绿色经济空间关联格局图进行分析。山东半岛城市群经济联系最强的城市为烟台—威海、济南—淄博，且经济联系总量呈上升趋势，但二者空间关联格局存在很大差异。与绿色经济空间关联格局相比，城市间经济联系强度更大、密度更高、发展更快。

2001—2006 年，经济存在联系的城市由 2 对增至 8 对，青烟威、济淄潍是经济联系最强的地区，经济空间关联格局主要表现为轴线状。2006—2011 年，经济网络密度显著增加，经济联系增强，存在经济联系的城市增至 16 对，网络状空间关联格局雏形已经形成。2011—2017 年，具有经济联系的城市共 24 对，其中烟台—威海、济南—淄博经济联系极强，青岛—烟台、淄博—潍坊、青岛—淄博经济联系为较强水平，青岛—威海、济南—潍坊、青岛—日照、东营—淄博有较明显的经济联系。2017年，存在经济空间联系的城市对明显增多，且联系强度较大。

剔除联系较弱的城市对，选取经济联系强度大于50的9组城市绘制山东半岛城市群经济联系组团空间格局（见图8－9）。经济组团化空间格局与绿色经济组团化空间格局有明显差异。

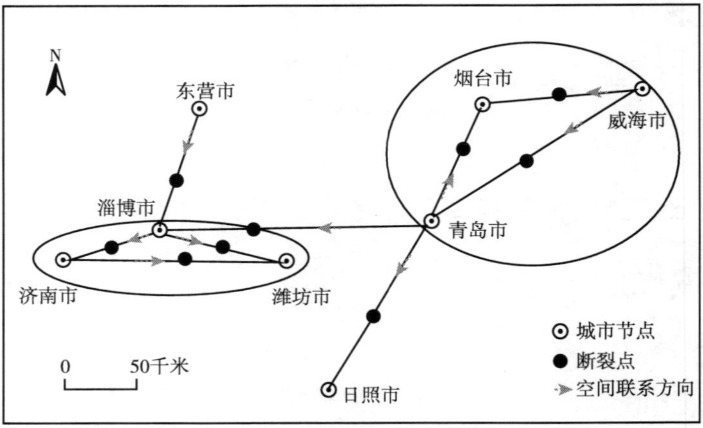

图8－9　山东半岛城市群城市间经济断裂点及组团化空间格局图

（一）经济组团化趋势更明显

青岛—烟台—威海和济南—淄博—潍坊两大区域绿色经济和经济均存在组团化发展趋势，但经济联系较绿色经济联系更加紧密，形成三角形闭合发展，尤其是济南—潍坊、青岛—威海两对城市绿色经济联系较弱而经济联系相对较强。

（二）城市间经济联系更紧密

城市之间形成较强的经济联系，青岛—淄博、东营—淄博、青岛—日照为山东半岛城市群经济联系较强的城市对。

（三）空间联系方向不同

在绿色经济组团化格局中，空间联系方向为济南→淄博、潍坊→淄博，淄博是区域内绿色经济发展水平较低的城市，济南和潍坊对淄博的绿色经济发展有辐射带动作用。在经济组团化格局中，空间联系方向为淄博→济南、淄博→潍坊。

综上可知：第一，从空间分异特征对比看，二者演变特征、点轴布局模式和发展水平均存在差异。在演变特征上，绿色经济空间结构主要表现为非均衡—较均衡—非均衡，而经济空间结构主要表现为均衡—非均衡—较均衡；在点轴布局模式上，经济发展点轴布局模式更成熟。在发展水平上，不同城市绿色经济水平和经济水平表现不同，绿色经济水平较高的城市经济发展水平较高，而高经济水平城市的绿色经济水平并不一定高。第二，从空间分布方向和重心转移轨迹对比看，二者均主要分布在东北—西南方向；绿色经济的重心一直向西北方向移动，而经济重心则呈现西北—西南—东南的不规律移动；经济发展的覆盖范围大于绿色经济，表明与绿色经济相比，经济发展更协调；二者重心位置均偏离地理重心，但均呈现逐渐向地理重心靠拢的趋势。与地理重心相比，绿色经济重心向东南方向偏离，经济重心则向地理重心的东北方向偏离。第三，从空间关联格局对比看，二者的相同点在于联系最强的城市对为烟台—威海、济南—淄博，且联系呈上升趋势，但二者的空间关联格局仍存在很大不同，经济联系的强度更大、密度更高、发展更快，组团化趋势更明显。

绿色经济空间结构与经济空间结构均符合点轴布局模式，但经济空间结构更加完善和成熟，向网络布局模式过渡，城市间的经济联系更紧密，山东半岛城市群经济发展更协调。由于绿色经济发展起步晚和传统线性经济的路径依赖，山东半岛城市群绿色经济空间结构滞后于传统的经济空间结构和山东半岛城市群经济发展阶段。

第九章　山东半岛城市群绿色经济空间结构形成机制研究

面板数据回归模型是计量经济学中用于分析研究面板数据的回归模型，综合考虑研究变量所具有的时间序列和横截面两重特性，既可以对不同横截面数据在不同时间的观察值进行结合，使得到的估计量更为有效，又可以对同一截面研究变量进行观察，研究其动态性，同时可以通过设置虚拟变量控制个体差异，比一般的线性回归模型更具优势，回归效果更科学。

选取经济发展水平、产业结构、对外开放程度、政府规制、城镇化水平和科技创新作为解释变量，利用面板数据模型进行回归分析，探讨其对被解释变量绿色经济投影值（GE）、经济效益投影值（GEE）、社会效益投影值（GSE）、生态环境效益投影值（GPE）的影响。在解释变量的设定中，LR代表经济发展水平，用地方财政收入表示；IS代表产业结构，用第三产业增加值与第二产业增加值的比值表示；FA代表对外开放程度，用实际利用外资金额表示；EP代表政府规制，用环境治理投资额占 GDP 比重表示；UR 代表城镇化水平，用城镇化率表示；PA 代表技术创新，用万人专利申请量表示。

一、变量数据的平稳性检验

为避免“伪回归”，需要对研究变量进行平稳性检验。采用 LLC、ADF、PP 进行面板平稳性检验，研究变量均通过平稳性检验（见表 9－1）。

表 9－1　　面板数据的平稳性检验

变量	LLC		ADF		PP		结论
	统计量	P 值	统计量	P 值	统计量	P 值	
GE	－3.713	0.000	－2.222	0.013	－2.704	0.003	平稳
GEE	－6.151	0.000	－3.533	0.000	－6.272	0.000	平稳
GSE	－2.852	0.002	－2.988	0.001	－3.385	0.000	平稳
GPE	－2.765	0.003	－1.082	0.140	－2.673	0.004	平稳
LR	－7.317	0.000	－2.457	0.007	－2.691	0.004	平稳
IS	－4.159	0.000	－1.846	0.032	－2.722	0.003	平稳
FA	－24.550	0.000	－6.113	0.000	－7.913	0.000	平稳
EP	－2.464	0.007	－1.962	0.025	－4.306	0.000	平稳
UR	－3.330	0.000	－0.531	0.298	－1.199	0.115	平稳
PA	－3.423	0.000	－0.479	0.316	－1.074	0.042	平稳

二、面板数据回归模型的选择与回归分析

面板数据回归模型包括固定效应模型、随机效应模型和混

合效应模型三种形式。利用 Eviews8 软件运行固定效应模型，发现 F 统计量显著，说明其优于混合效应模型；利用霍斯曼检验选择个体效应模型，均拒绝原假设，应选择固定效应模型（见表 9－2）。

表 9－2　山东半岛城市群绿色经济及其三大效益影响因素回归结果

解释变量	GE		GEE		GSE		GPE	
	固定效应	随机效应	固定效应	随机效应	固定效应	随机效应	固定效应	随机效应
LR	－0.010 (－1.014)	0.101 *** (12.653)	－0.048 *** (－3.88)	0.033 ** (2.463)	－0.038 *** (－3.331)	0.109 *** (9.655)	0.023 (1.472)	0.146 *** (11.537)
IS	0.053 ** (2.227)	0.087 ** (3.155)	0.295 *** (4.199)	－0.023 (－0.505)	0.009 (0.186)	0.026 (0.674)	0.096 ** (－2.035)	0.182 *** (4.185)
FA	0.089 *** (8.248)	0.015 (0.749)	0.115 *** (4.998)	0.158 *** (4.644)	0.122 *** (6.588)	0.048 * (1.685)	0.042 *** (2.808)	－0.108 *** (3.072)
EP	0.016 *** (2.707)	0.025 ** (2.299)	0.063 *** (6.919)	0.049 *** (2.706)	－0.014 (－1.275)	0.048 *** (3.186)	0.001 (0.128)	－0.0003 (－0.017)
UR	－0.070 ** (－2.536)	－0.022 (－0.530)	－0.058 (－0.73)	0.167 ** (2.401)	－0.096 ** (－2.05)	－0.202 *** (－3.422)	－0.013 (－0.362)	－0.02 (－0.308)
PA	0.033 * (3.120)	0.025 (1.265)	0.020 * (－1.904)	－0.022 (－1.347)	－0.0003 (－0.054)	0.011 (0.918)	0.019 * (1.797)	0.036 * (1.954)
C	－0.876 (－0.985)	0.577 ** (3.229)	－1.687 (－0.726)	－2.970 *** (－9.931)	0.616 (0.490)	－0.121 (－0.479)	2.865 * (1.971)	0.868 *** (3.072)
调整 R^2	0.972	0.794	0.961	0.823	0.923	0.430	0.920	0.695

续表

解释变量	GE		GEE		GSE		GPE	
	固定效应	随机效应	固定效应	随机效应	固定效应	随机效应	固定效应	随机效应
标准误	1.051	0.051	1.058	0.078	1.057	0.084	1.077	0.079
F统计量	216.282	49.037	155.007	58.971	75.372	10.366	72.668	29.287
DW值	2.098	1.266	2.414	1.696	1.869	0.656	2.038	1.035

根据面板数据回归结果可知：第一，产业结构、对外开放程度、环境规制和科技创新对山东半岛城市群绿色经济空间结构的形成具有显著的正向影响。产业结构对绿色经济和生态环境效益在5%的置信水平下显著，相关系数分别为0.053、0.096；对经济效益在1%的置信水平下显著，相关系数为0.295；对社会效益相关系数为0.009，且不显著。对外开放程度对绿色经济及其三大效益在1%的置信水平下均有显著的正向影响，相关系数分别为0.089、0.115、0.122和0.042。政府规制对绿色经济和经济效益在1%的置信水平下显著，相关系数分别为0.016、0.063。各城市政府先后出台绿色经济发展相关政策，不断提高节能环保支出，在发展过程中注重绿色投入，促进绿色经济发展。科技创新对绿色经济、经济效益和生态环境效益在1%的置信水平下显著，相关系数分别为0.033、0.02和0.019。随着科技创新投入的不断增加，各城市科技创新能力增强，有效助力企业转型升级。第二，经济发展水平对山东半岛城市群绿色经

济空间结构的形成有正向影响但不显著。第三，城镇化水平在5%的置信水平下对绿色经济空间结构具有显著负向作用。主要因为城镇化水平的提高会推动城市为公众提供更多更优质的基础设施服务，随着城市人口集聚，往往会带来交通拥堵、医疗教育资源紧张、贫富差距、环境污染、资源消耗等社会和生态问题。

山东半岛城市群绿色经济空间结构的形成机制非常复杂，仅利用计量模型对一些变量进行定量分析远远不够，还应该从定性分析角度进行补充研究。如自然地理因素、社会制度和文化因素、集聚经济因素等均对山东半岛城市群绿色经济空间结构的形成产生重要影响。

第十章　山东半岛城市群绿色经济空间结构优化研究

第一节　山东半岛城市群绿色经济空间结构存在的主要问题

根据以上研究结论，山东半岛城市群绿色经济空间结构主要存在以下问题。

一、绿色经济空间差异较大

山东半岛城市群城市之间绿色经济发展水平存在较大差距，出现不明显的两极化现象。绿色经济重心在山东半岛城市群东部地区，山东半岛城市群中西部地区绿色经济发展水平有待提高。

二、城市之间绿色经济联系较少，绿色经济空间关联不强

绿色经济呈组团化发展趋势，青岛作为山东半岛城市群绿

色经济对外引力最强的城市，仅对距离较近的烟台和威海绿色经济发展具有较强辐射带动作用，对其他城市绿色经济发展辐射带动作用较小；济南、潍坊与淄博绿色经济发展联系较强，对淄博绿色经济发展具有辐射带动作用；日照、东营作为山东半岛城市群南北两端的城市，与其他城市之间绿色经济联系较弱。

三、绿色经济空间结构滞后于经济发展阶段

山东半岛城市群主要在东部沿海地区形成青岛—烟台—威海绿色经济发展轴线，胶济绿色经济发展轴线发育较缓慢和辐射带动作用较小，山东半岛城市群初步形成绿色经济点轴布局模式。山东半岛城市群处于工业化后期阶段，理想的绿色经济布局模式是网络布局模式，但主要因为绿色经济发展起步晚和传统线性经济发展的路径依赖，山东半岛城市群绿色经济空间结构滞后于经济发展阶段。

四、城市之间绿色协同创新不足、城乡绿色经济差距较大和绿色产业链布局不够合理

青岛、济南、烟台等城市产学研绿色协同创新水平较高，其他城市产学研绿色协同创新水平有待进一步提高，城市之间绿色协同创新不足。循环经济、低碳经济和绿色经济主要分布在城市，城乡绿色经济发展差距较大。循环、低碳产业链布局主要局限于各城市内部，城市之间循环、低碳产业链分工与合作较少。

第二节　山东半岛城市群绿色经济空间结构优化对策

针对以上存在的主要问题，结合山东半岛城市群绿色经济发展条件和趋势，提出以下主要对策。

一、构建多层次区域绿色创新系统，促进山东半岛城市群绿色协同创新

根据区域循环、低碳和绿色创新系统理论，依托生态产业园、高新技术产业开发区、经济技术开发区等微观区域、城市和城市群等不同层次区域，逐步构建多层次区域绿色创新系统。

第一，在青岛高新技术产业开发区、济南高新技术产业开发区、淄博高新技术产业开发区、青岛经济技术开发区、潍坊滨海经济技术开发区、潍坊高新技术产业开发区、东营经济技术开发区、威海火炬高技术产业开发区、威海经济技术开发区、烟台高新技术产业开发区、烟台经济技术开发区、日照经济技术开发区、山东半岛国家自主创新示范区等园区构建和完善循环、低碳和绿色创新集群。

第二，在城市绿色创新系统发展基础上，突破行政区划界限，促进山东半岛城市群绿色创新资源共享，加强城市之间绿色协同创新，如构建青烟威绿色创新网络，逐步构建山东半岛

城市群绿色创新系统。

第三，重点在一级绿色创新极即青岛、济南布局区域绿色创新系统和重点发展沿海轴线、胶济线两条一级绿色创新轴，重点扶持绿色创新水平相对较低的东营、淄博和日照绿色创新系统发展以及加强城市之间绿色创新联系尤其是东营—烟台以及淄博—日照等绿色创新联系，逐步形成山东半岛城市群绿色创新系统多核心网络化结构。

二、实施区域绿色经济协调发展战略，促进山东半岛城市群公平发展

加快山东半岛城市群西部地区绿色经济增长极——济南的绿色经济发展，充分发挥其对山东半岛城市群中西部地区绿色经济发展的辐射带动作用，促进山东半岛城市群东、中、西部地区绿色经济协调发展。在促进沿海轴线、胶济线两条一级绿色经济轴线发展的基础上，加强城市之间绿色经济联系，尤其要加强东营、日照与其他城市之间绿色经济联系；打破行政区划限制，在城市之间、城乡之间合理布局循环、低碳产业链；加大对乡村以及外围区域绿色经济发展的扶持力度，统筹城乡绿色经济发展；逐渐形成山东半岛城市群绿色经济多核心网络化结构，促进山东半岛城市群公平发展。

三、建立和健全促进山东半岛城市群绿色经济一体化发展的制度

（一）制订山东半岛城市群绿色经济一体化发展规划。根

据城市群绿色产业发展理论和城市群绿色经济发展战略模式，制定山东半岛城市群绿色经济发展和布局政策。根据生态功能区划，制定优化开发区、重点开发区、限制开发区和禁止开发区的绿色经济发展政策，促进山东半岛城市群内部区域之间绿色经济合理分工与合作。

（二）建立和健全促进山东半岛城市群绿色经济一体化发展的财政税收补偿制度即购买性支出政策、财政补贴政策、财政税收政策、财政信贷政策和生态环境补偿制度。

（三）建立和健全促进山东半岛城市群绿色经济一体化发展的金融信贷及资金扶持制度。

（四）建立和健全绿色 GDP 考核制度、山东半岛城市群绿色经济一体化发展与规划法律。

（五）重塑山东半岛城市群城市有限、效能、阳光、绿色政府，加快构建城市政府间网络互动、合作伙伴和行政协调的城际关系。

（六）建立和健全包括碳循环的绿色市场经济制度。突破行政区划界限，促进山东半岛城市群绿色生产要素、绿色产品和绿色服务自由流动。

（七）建立和健全促进山东半岛城市群绿色经济一体化发展的绿色消费鼓励制度、中介组织服务制度、公众参与制度、全民教育和终身教育制度、环境信息公开制度。

四、因地制宜建设绿色园区，加强生态产业链分工与合作

山东半岛城市群要加大建设生态产业园的力度。新建园区

要根据低碳经济、循环经济和绿色经济发展的要求进行建设，传统的高新技术产业开发区、经济技术开发区、自由贸易区等园区如青岛高新技术产业开发区、济南高新技术产业开发区、淄博高新技术产业开发区、青岛经济技术开发区、潍坊滨海经济技术开发区、潍坊高新技术产业开发区、东营经济技术开发区、威海火炬高技术产业开发区、威海经济技术开发区、烟台高新技术产业开发区、烟台经济技术开发区、日照经济技术开发区、山东半岛国家自主创新示范区、山东自贸试验区等园区要积极和因地制宜地进行低碳化、循环化和绿色化改造，如沿海城市要重视发挥海洋资源丰富的优势、济南和青岛要充分发挥绿色人力资源丰富的优势。要加大对日照、潍坊等绿色经济发展水平较低城市的循环、低碳和绿色园区建设的扶持力度。同时，突破行政区划界限，促进城市之间生态产业链合理布局。

五、实施“双循环”战略，合理利用国内和国外绿色市场

2020 年 7 月 30 日，习近平总书记主持召开中共中央政治局会议，提出“加快形成以国内大循环为主体、国内国际双循环相互促进的新发展格局”。我国生态环境恶化是国际大循环战略的弊端之一，推进“双循环”新格局必须依据“两山”理论。“双循环”战略与“两山”理论相互融合是中国未来长期发展的根本遵循。

山东半岛城市群开放发展水平还不够高，风险可控。因此，一方面，应积极提升山东半岛城市群对外开放水平，尤其要提

高日照、东营、潍坊等城市的对外开放水平，充分利用国外先进的绿色生产要素，扩大国外绿色产品和绿色服务市场，促进山东半岛城市群绿色经济发展。另一方面，要根据当前国际政治经济形势，调整对外开放地理方向，加强与非洲、拉丁美洲、一带一路沿线国家和地区等政治关系良好国家的绿色经济发展合作；同时，促进山东半岛城市群及国内消费者对山东半岛城市群绿色产品和绿色服务的消费。

附录

关于区域绿色经济与创新若干问题的研究

附录一　区域绿色经济发展的演化经济学思考[①]

演化经济学以制度—历史—社会结构的观念作为分析框架，是以创新和质量为核心的学科，是高质量发展和新旧动能转换的理论基础，对区域新旧动能转换和绿色经济高质量发展具有重大指导价值。本文从演化经济学视角探讨区域绿色经济发展的SP增长理论、活动基础、政治经济结构以及组织层级化对区域绿色经济发展的影响。

一、区域绿色经济发展的SP增长理论

SP增长理论是由萨维奥蒂（Saviotti）与皮卡（Pyka）共同发展的演化增长模型，其核心内容是经济系统中新实体的出现导致系统种类增加，进而引起系统质变和结构变迁，推动经济发展。因此，应通过不断研发绿色产品，逐步淘汰传统产品和旧绿色产品，促进区域绿色经济系统新种类产生和区域传统经

① 本文为慈福义发表于《大众日报》2020年4月23日的论文。

济系统种类、旧绿色经济种类减少，引起区域经济系统质变，表现为新绿色产业产生和旧绿色产业与传统产业的减少甚至消失，通过产业结构变迁（包括高级化和生态化）促进区域绿色经济发展。欠发达国家和地区由于缺乏资本基础和知识基础，研发绿色产品和进行绿色创新的难度大，政府应加大对欠发达地区绿色创新的扶持力度，促进区域绿色经济协调发展。在中国区域绿色经济发展过程中，政府较重视环境治理技术，忽视减量化、再利用和再循环技术创新、低碳技术创新以及绿色产品市场培育。政府应加大对减量化、再利用和再循环技术创新、低碳技术创新的扶持力度，加快培育绿色产品市场的步伐，促进区域绿色产品创新和需求。

二、区域绿色经济发展的活动基础：绿色报酬递增活动

演化发展经济学认为，实际工资是评价国家和区域富裕的首要标准，报酬递增活动及其引发的对其他产业的正反馈效应导致生产率提高，进而通过提高国民实际工资和良性循环，实现真正意义上的发展。因此，应选择绿色报酬递增活动作为区域绿色经济活动。由于循环经济（含碳循环）是实现经济与环境协调发展的最佳模式，绿色报酬递增活动是采用循环经济模式并扣除生态成本后的报酬递增活动如循环经济制度下的静脉产业技术创新活动。在中国区域绿色经济发展过程中，部分地区政府为追求政绩，采用行政手段，强制关停自然资源消耗多、生态环境破坏大的产业，导致许多区域资本密集型产业如钢铁工业、化学工业消亡。对处于工业化中期的前期阶段的区域而

言，资本密集型产业属于其主导产业；资本密集型产业大多属于自然资源消耗多、生态环境破坏大的产业，关停资本密集型产业，如果大力发展绿色技术密集型产业，将导致区域产业结构过度高级化，产业联系失调，否则，将导致区域产业结构衰退；以上两种情况均导致区域生态经济效益欠佳和引起结构性失业，降低区域国民实际工资和富裕水平。因此，各级政府应积极制定区域循环、低碳、绿色经济发展制度，参考区域发展阶段理论，扶持自然资源消耗多、生态环境破坏大的主导产业和潜导产业进行循环经济技术、低碳经济技术等绿色技术升级改造，使其成为绿色报酬递增活动。绿色报酬递增活动是区域绿色经济高质量发展的必然选择。

三、区域绿色经济发展的政治经济结构：绿色经济结构与政治结构互动

演化发展经济学认为，国家经济结构与政治结构之间存在密切的互动关系：一方面，经济发展会推动民主进程和政治结构变迁；另一方面，政治权力的构成对经济发展有重要影响。因此，需要抑制传统经济活动和现代绿色市场经济制度下的区域报酬递减活动及其利益相关者的政治权力和政策影响力，制定现代绿色市场经济制度，扶持区域绿色报酬递增活动，促进区域绿色经济高质量发展。中国现代绿色市场经济制度不健全，在区域经济发展过程中，存在许多以传统经济活动为主要利益来源、具有强大政治和经济影响力的特权阶层，需要国家不断完善现代绿色市场经济制度，加大对各级政府的绿色教育与培

训，提高政府的绿色发展管理能力。各级政府应抑制区域传统经济活动和现代绿色市场经济制度下的区域报酬递减活动及其利益相关者的政治权力和政策影响力，扶持高端低碳产业和高端循环型产业等区域绿色报酬递增活动，促进区域绿色经济高质量发展。

四、组织层级化：区域绿色经济发展的重要影响因素

演化生态经济学认为：组织的层级化程度越高，群体的沉淀成本影响越大；放弃沉淀成本之后的选择收益越大，走出生态环境恶化的困境越容易。因此，应该积极进行组织创新，逐渐降低区域组织的层级化程度，减少群体沉淀成本对区域绿色经济发展的影响；建立区域绿色组织，进行绿色经济制度创新，如建立现代绿色市场经济体制和制定扶持区域循环、低碳、绿色经济发展的政策，增大区域企业和消费者放弃沉淀成本之后的选择收益，促进区域绿色经济发展。处于工业化社会的中国区域已经形成较复杂和层级化程度较高的组织结构，具有许多传统经济利益集团，沉淀成本对区域绿色经济发展产生较强的抑制效应。各级政府应该积极进行组织创新，逐渐降低中国区域组织的层级化程度，逐步消除传统经济利益集团，建立区域绿色组织，进行绿色经济制度创新，如不断完善现代绿色市场经济体制和制定欠发达地区循环、低碳、绿色经济发展优惠政策，加强民主、协商与合作，扶持区域循环、低碳、绿色经济发展，降低沉淀成本对中国区域绿色经济发展产生的抑制效应。

附录二　区域绿色经济发展的路径选择、制度基础与邻近效应研究[①]

一、区域绿色经济发展的路径选择

循环、低碳、绿色经济的本质是扣除生态成本的经济发展模式，因此，路径依赖理论和路径创造理论可以指导区域绿色经济发展。根据路径依赖理论，要重视初始条件的影响，发挥区域绿色经济先发优势，利用高端绿色经济发展路径自我强化机制，提升区域绿色经济地位；不要过分强调区域绿色经济后发优势，发挥区域绿色经济后发优势是欠发达地区绿色经济发展的次优选择。为实现中国区域可持续发展，政府必须重视发挥区域绿色经济先发优势，抓住世界经济绿色转型的机遇，采取领先行动，通过扶持政策，培育动态比较循环、低碳、绿色经济优势，以抢占世界绿色经济发展高地。欠发达地区进行绿

① 本文为慈福义发表于《大众日报》2020 年 6 月 18 日的论文。

色创新所需要的资金、技术、人才、制度等要素稀缺，政府应在根据路径依赖理论进行区域绿色经济发展积累的基础上，积极扶持区域绿色经济发展路径创造，加强绿色技术创新、绿色制度创新和绿色文化创新。

二、区域绿色经济发展的制度基础

演化经济学认为生产活动质量是经济系统的核心，制度是经济学核心特征之一。因此，生产性制度是经济发展的制度基础。

根据生产性制度理论和绿色经济发展理论，区域绿色经济发展的核心是绿色生产活动，区域绿色经济发展制度质量的差异深受区域绿色生产结构影响，绿色生产性制度是区域绿色经济发展的制度基础。欠发达国家和地区绿色资本和绿色知识缺乏，政府必须制定促进欠发达国家和地区绿色知识学习、结构高级化和生态化的优惠制度。在区域绿色经济发展水平不断提高的过程中，国家和发达地区政府应加大对欠发达地区绿色知识学习、结构高级化和生态化的扶持力度，以实现区域公平发展和协调发展。根据历史重要与最小限度打乱原理，区域绿色经济发展政策制定必须考虑区域历史遗留的文化和制度，其包含的绿色创新等内容，对区域制度结构的破坏以区域共同体的社会架构顷刻完全解体为上限，区域绿色经济发展政策创新应主要采用渐进式创新模式。根据人类创造力原理，试验与绿色创新是区域绿色经济发展的重要路径；充分发挥个体、企业、地方的积极性以及允许多样性的绿色经济发展政策试验（如绿色创新城市群发展政策试验）是区域绿色经济发展的必然要求。根据不确定性与意外原理，区域绿色经济发展政策制定需要目标具有模糊性，并利用多样化的地方绿色经济发展经验，对区域绿色经济发展政策进行修正。根据复杂与质量型的经济政策原理，区域绿色经济发展政策的主要目的不是预测生态环境目标和经济增长目标等区域绿色经济目标，而是采用自上而下与自下而上相结合的政策制定方法，制定质量型的区域绿色经济发展政策。根据系统政策观原理，区域绿色经济发展政策必须与区域生态环境、文化、技术、政治等协调一致，区域绿色创新系统的分析方法符合系统政策观原理的要求，因此，必须积极构建区域绿色创新系统。根据试验与政策学习原理，政府必须提供政策空间允许并鼓励多样性的循环、低碳、绿色经济发展试验如低碳创新带发展试验，主要采用政策模仿、政策移植和互动政策创新三种政策学习模型，进行区域绿色经济发展政策学习。中国区域绿色经济发展政策制定存在部分地区绿色经济发展政策目标虚高，经济效益目标与生态环境效益目标不协调，对绿色创新的包容度和支持度低，政策制定方法重视自上而下忽视自下而上，区域绿色经济发展政策之间存在矛盾和冲突，重视政策模仿、政策移植，忽视互动政策创新等问题。

三、区域绿色经济发展的邻近效应

认知邻近影响区域行动者和企业吸收新知识的能力。政府应支持教育绿色化，将绿色知识贯穿于初等教育、中等教育、高等教育、职业教育、社会教育等各种形式的教育中，提高区域行动者和企业吸收绿色知识的能力。

最佳水平的组织邻近是独立行动者之间弱连接形成的松散结合网络。政府应在利用绿色市场和绿色企业的基础上，充分发挥低碳企业集团、绿色创新集群、绿色政产学研联盟等绿色中间组织的作用，促进区域绿色经济发展。

制度邻近有利于互动学习。高等院校、研究机构、企业、中介服务机构、政府、消费者等区域绿色创新主体面临的制度如教育政策、科技政策、企业发展政策、行业协会发展政策，具有较大异质性，而且，各主体面临的制度绿色化进度不同，往往存在矛盾和冲突，制度邻近的缺乏阻碍区域绿色创新系统发展。因此，在制定区域绿色创新系统发展制度时，应加快各主体面临的制度的绿色化进程，并促进各主体面临的绿色制度之间的协调，提高区域绿色创新系统主体面临的绿色制度的邻近性。

地理邻近有利于互动学习。中国已经在高新技术产业开发区和经济技术开发区发展循环经济与低碳经济，促进区域绿色知识互动。国家和各地区应进一步加强绿色创新集群、低碳创新带等绿色集聚区建设。

社会邻近有利于降低交易成本和促进员工进行非正式知识交流。各地区应通过建设俱乐部、举办绿色经济发展相关会议等多种措施促进员工之间交流绿色知识，加强高等院校、研究机构、政府、企业、中介服务机构、消费者等之间绿色知识交流，促进区域绿色创新网络发展。

附录三 “双碳”目标下城市群的绿色创新机理①

2020 年 9 月，我国宣布二氧化碳排放力争于 2030 年前达到峰值，努力争取 2060 年前实现碳中和。2021 年 2 月 2 日，国务院发布《关于加快建立健全绿色低碳循环发展经济体系的指导意见》，提出“构建市场导向的绿色技术创新体系”。将低碳创新融入绿色创新，研究我国城市群的绿色创新机理具有重要价值。

一、城市群绿色创新资源

城市群创新理论强调创新物力资源的作用，但忽视城市群创新中的自然资源（含生态系统服务、废弃物吸收能力）消耗和“废物”价值，不利于城市群可持续发展。绿色知识创造和技术研发、绿色技术产业化等绿色创新链环节同样消耗土地资源、水资源、能源等自然资源。在绿色知识创造与技术研发过

① 本文为慈福义发表于《大众日报》2021 年 8 月 19 日的论文。

程中、绿色技术产业化过程中产生的废水、固体废物、废气如CO_2对生态环境的破坏，创新产品与服务消费后等产生的废物对生态环境如气候系统的破坏消耗生态系统服务与废弃物吸收能力。在自然资源日益稀缺的背景下，“废物”成为绿色知识创造与技术研发、绿色技术产业化等绿色创新链环节消耗的资源。因此，应将自然资源与“废物”作为城市群绿色创新资源。

根据城市群创新理论，循环、低碳和绿色发展理论，城市群绿色创新资源包括绿色创新人力资源、绿色创新信息资源、绿色创新资金、绿色创新自然资源和“废物”、绿色创新制度等。城市群绿色创新应重视绿色创新自然资源如化石能源消耗的减量化，创新过程如低碳技术研发过程中产生废物的再利用、再循环，实验用品、创新产品和服务消费后产生废物的再利用、再循环，创新破坏的生态系统的再修复。

二、城市群动态比较绿色创新优势

根据循环、低碳和绿色发展理论，比较优势理论与城市群创新理论，绿色创新资源的城市差异和集聚绿色创新如集聚低碳创新是影响城市群绿色创新能力差异的基本因素。因此，产生城市群比较绿色创新优势。根据演化经济学理论，为追求长期利益，发展绿色生产力，应根据城市群动态比较绿色创新优势，确定城市群绿色创新方向，不断提高城市群绿色技术水平和绿色创新体系层级。

三、城市群绿色合作网络

循环、低碳和绿色发展理论，城市群创新理论的相互作用要求城市群合作网络演变为城市群绿色合作网络如低碳合作网络。城市群绿色合作网络的形成要求企业、研究机构、高等院校、政府、消费者、中介服务机构等城市群创新主体根据循环、低碳和绿色发展理论转型，演变为绿色创新主体。在创新和相互作用过程中，遵循低碳、循环和绿色发展理论，如制定促进城市群低碳创新的制度，生产低碳知识和技术，重视低碳知识创造、低碳技术研发及其产业化等低碳创新链不同环节消耗能源的减量化、CO_2再利用与再循环、气候系统再修复；利用城市群创新主体之间距离成本和交易成本低的优势，打破行政区划限制，促进城市群创新主体之间废物再利用、再循环，积极发展“分解者”企业，将废物作为实验用品，构建城市群闭环型创新链。

四、城市群绿色创新环境

根据循环、低碳和绿色发展理论，城市群创新理论，城市群创新环境演变为城市群绿色创新环境，主要包括绿色创新市场环境、绿色创新社会文化环境、绿色创新基础设施环境、绿色创新资源环境、宏观绿色经济环境等，其中，绿色创新资源环境包括绿色创新自然资源和“废物”环境、绿色创新人力资源环境、绿色创新制度环境、绿色创新信息资源环境、绿色创新资金环境等。

五、绿色需求

社会需求拉动机制与经济利益驱动机制是城市群循环、低碳和绿色发展重要动力机制。消费者对城市群主要绿色创新产出即绿色知识、绿色技术、绿色产品和绿色服务的需求，拉动绿色企业发展，激励绿色知识创造、绿色技术研发，要求城市群创新组织演变为绿色创新组织如低碳企业、低碳研究机构、低碳高等院校、低碳政府、低碳中介服务机构。在“双循环”战略背景下，城市之间打破行政区划限制，互为市场，城市群绿色市场和国内绿色市场是促进城市群绿色创新的主要市场。

六、区位和城市群集聚绿色创新

城市群绿色创新资源、绿色需求、绿色创新主体、绿色创新环境等具有空间差异性，因此，区位是影响城市群绿色创新的重要因素。

城市群绿色创新链不同环节跨越城市之间行政区划限制，进行集聚，有利于实现范围绿色经济和外部规模绿色经济，如利用 CO_2生产多样化产品实现范围低碳经济；可以降低城市群绿色创新网络中结点之间废物运输成本，减少物质和能量消耗；促进城市群绿色创新网络中结点之间学习、交流与协作，降低交易成本和学习成本，促进城市群绿色创新。

七、城市群绿色创新公平

演化经济学认为创新是发展的根本动力，结合循环、低碳和绿色发展理论，区域可持续发展理论，绿色创新是城市群可持续发展的根本动力，而公平是城市群可持续发展的基本要求。为实现城市群可持续发展，城市群绿色创新必须遵循公平原则，重视城市之间和城乡之间绿色创新公平如低碳创新公平。

影响城市群绿色创新的因素之间相互作用，共同推动城市群绿色创新，促进我国城市群尽快实现“双碳”目标。

附录四　发展绿色经济，推进“双循环”新格局[①]

2020年7月30日，习近平总书记主持召开中共中央政治局会议，提出“加快形成以国内大循环为主体、国内国际双循环相互促进的新发展格局”。我国生态环境恶化是国际大循环战略的弊端之一，推进“双循环”新格局必须依据“两山”理论，“双循环”战略与“两山”理论相互融合是中国未来长期发展的根本遵循。

一、推进绿色生产、分配、流通和消费，畅通宏观绿色“双循环”

抓住生态工业革命的机遇，根据循环经济、低碳经济和绿色经济理论推进绿色生产，可以破除绿色贸易壁垒，开拓国外绿色市场；同时，由于产品成本包含生态成本，产品价格提高，可以减少对国外市场和就业的冲击，避免国外报复性保护贸易

① 本文为慈福义完成于2020年11月的论文。

行为。我国对国外能源、原材料、关键技术设备等依赖比较大，发展循环经济和低碳经济，节约利用和再循环利用各种资源，可以减少对国外的依赖。加大绿色科技和教育基础设施等基础设施和生态环境保护基础设施建设，发展静脉产业和生态型动脉产业如绿色智能制造业，可以延长产业链，逐步形成以国内为主体的闭环产业链、网，提高产业链的韧性、安全性和可控性，培育新经济增长点，提供更多就业机会。积极开展绿色创新，精准识别产业低碳、循环和绿色发展技术断点，补足核心关键技术短板和产业链短板，逐步构建以国内为主体、以知识经济为基础的闭环产业链、网，是实施“双循环”战略的根本。

分配不公平导致我国国民收入差距大，中等收入群体规模小，抑制国内消费。公平配置自然资源和生态环境容量，有利于提高低收入群体的收入水平，扩大中等收入群体规模，促进国内消费。我国存在发达地区剥夺欠发达地区，城市剥夺乡村，大城市剥夺中、小城市自然资源和生态环境容量的问题，发达地区和城市对我国自然资源和生态环境破坏负有历史责任。因此，国家应通过征收阶梯式自然资源税和生态税，制定生态补偿制度和欠发达地区、乡村绿色经济发展扶持政策，充分发挥环境保护协会的作用等措施，加大对欠发达地区、乡村和中、小城市的绿色经济发展扶持力度，提高欠发达地区、乡村和中、小城市人们的收入和国内消费水平。

“双循环”需要发展商业、贸易业、物流业和通信业等流通产业。发展绿色流通产业，可以促进国内绿色生产和绿色消费，畅通经济循环；可以节约自然资源，减少对国外能源和原材料的依赖。进口绿色产品与传统产品相比，可以降低国外产品对国内产业的冲击。发展逆向物流业以及商业、贸易业相关静脉产业，可以提供更多就业机会。发展绿色通信业，如建设以绿色工业互联网、物联网为代表的绿色信息网络基础设施，可以促进国内产业链升级和生态化，提供就业机会，提高国内消费水平。

“双循环”战略强调内需，但过度消费必然导致国内自然资源浪费和生态环境破坏，可能导致对外国的依赖度加大，增大经济风险。因此，实施“双循环”战略应强调国内绿色消费，重视非物质消费，尤其强调对科技教育、健康产业、文化产业、高新技术产业等产业产品和服务的消费，将人力资本培育与绿色创新、产业链合理化、高级化和生态化融合起来，促进国内经济大循环。

二、推进产业循环、城乡循环和区域循环，畅通中观绿色“双循环”

根据绿色经济理论，生态型动脉产业链和静脉产业链共同构成闭环产业链、网。受保护贸易主义、新冠肺炎疫情等因素影响，我国产业链断裂的风险加大。根据闭环产业链、网的要求补足相关短板和延长产业链，使产业链更加复杂，积极培育绿色产业集群尤其是绿色创新型产业集群，可以通过集群效应延缓跨国公司回流的速度，提高产业链稳定性、安全性和生态效益，增加就业机会。

遵循区域高质量一体化发展、城乡高质量一体化发展和

“双循环”战略的要求，发挥地区动态比较绿色经济优势，合理布局闭环产业链、网不同环节，构建都市区、都市圈、城市群等不同类型、不同层次城市经济区闭环产业链、网，构建长江经济带、黄河流域区等流域区闭环产业链、网，构建中国四大经济区即东部地区、中部地区、西部地区和东北地区闭环产业链、网，同时鼓励区域之间循环，逐步形成以产业循环、城乡循环和区域循环为主体的中观绿色“双循环”。

三、推进生产要素循环，畅通微观绿色“双循环”

生产要素循环是微观经济的核心。根据绿色经济理论，生产要素主要包括劳动力、资金、知识和技术、制度、自然资源和生态环境容量等。通过征收自然资源税和生态税，对自然资源和生态环境容量进行合理定价，依据区域动态比较绿色经济优势理论，促进自然资源和生态环境容量要素自由流动，有利于我国闭环产业链、网的形成。根据区域市场理论，重点加强都市区、都市圈、城市群等城市经济区生产要素循环，长江经济带和黄河流域区等流域区生产要素循环，中国四大经济区生产要素循环，同时鼓励不同区域之间生产要素循环，逐步形成依托全国统一市场的生产要素循环，畅通微观绿色“双循环”。

发展绿色经济可以降低国外发达国家的敌意，确保国家经济安全，为我国实现“双循环”战略争取时间，是推动我国高质量发展和建设美丽中国的现实要求，畅通宏观绿色“双循环”、中观绿色“双循环”和微观绿色“双循环”是实现中华民族伟大复兴的必由之路。

附录五　2015—2019 年国外产业与区域绿色创新相关研究梳理与展望①

一、引言

绿色创新又称生态创新、环境创新和可持续创新。国外对绿色创新的研究可以追溯到 20 世纪 90 年代，例如，Fussier 和 James 将能够为消费者和企业提供价值同时能够降低对环境影响的新产品和新工艺称为绿色创新[1]。随着研究的不断深入，众多学者认为绿色创新不仅涵盖企业行为和技术视角，而是一个广义的表达，即具有创新的新颖性和价值特征且能实现资源节约和环境改善。总之，绿色创新是一系列基于环境友好和可持续发展的创新活动。绿色创新理念提出时间较早，学者的研究关注度呈上升趋势。

目前，一种新的紧迫感呼吁政府和私营组织应对日益严重

① 本文由慈福义与姜亚俊合作完成。

的环境威胁，包括碳排放带来的气候变化。绿色创新通常与可持续发展、绿色发展、低碳经济、循环经济等概念相关联，更是对这些概念的继承和升华。因此，绿色创新已经成为全球研究的重点议题。我国正处于经济转型的关键阶段，传统的高增长、高能耗、高污染的粗放型发展方式已经不再适合我国现阶段的发展要求，“生态文明建设”已被提高到国家战略高度，“创新、协调、绿色、开放、共享”五大发展理念指明我国的发展思路与方向。

在这种背景下，绿色创新已成为引领我国发展的新潮流。目前缺少 2015—2019 年国外绿色创新相关研究述评，本文重点从产业和区域两个层面对 2015—2019 年国外绿色创新相关研究文献进行梳理，并提出研究展望，以期为我国绿色创新研究提供借鉴。

二、产业绿色创新研究

（一）产业绿色创新绩效评估研究

国外学者对众多产业如交通与汽车产业、酒店业、建筑业、农业、能源产业绿色创新进行研究，多数研究表明产业绿色创新对经济、社会和生态环境发展具有积极作用。

众多学者积极研究绿色创新对产业生产效率和竞争力的影响。García - Pozo 等[2]研究发现，生态创新对经济危机下西班牙酒店业的劳动生产率具有积极影响，实施额外的生态创新实践平均可提高劳动生产率 8.15%。Iranmanesh 等[3]、Sellitto 和 Hermann[4]验证绿色创新影响巴西电气和电子（E&E）行业企业的工作满意度与竞争优势。Wrida 等[5]通过回归分析，研究表明绿色创新对西苏门答腊的印度尼西亚创意产业的竞争优势具有积极影响。Miller 等研究表明养老院的绿色住宅模式创新推动新型建筑业发展。Gallucci 等[6]研究发现，在一定程度上，生态创新影响产业内贸易水平，促进国际贸易采用环境友好型技术，欧盟各国产业内贸易与生态创新指数水平密切相关。Wurlod 和 Noailly[7]通过分析绿色创新对 17 个经合组织国家的 14 个工业部门能源强度影响，发现绿色专利申请每增加 1%，能源强度降低 0. 03%，且对能源密集型产业影响更大。Vivanco 等[8]通过环境反弹效应概念评估交通业生态创新，发现一些创新实际上导致环境压力。许多学者将生态环境效益、经济效益和社会效益综合考虑，以期科学、合理地评估产业绿色创新绩效。如 García - Machado 和 Martínez - Ávila[9]研究发现，绿色创新对墨西哥汽车产业的绿色文化与环境绩效之间的关系具有中介作用。Gunarathne 和 Peiris[10]重点讨论利用可持续性指标衡量斯里兰卡茶园部门“非技术性”生态创新的影响，发现旨在提高经济效益的创新往往带来环境效益和社会效益。Lee 和 Min [11]以 2001—2010 年的日本制造企业为样本，研究表明绿色研发与碳排放之间存在负相关关系，绿色研发与企业财务绩效之间存在正相关关系。

学者对不同行业的绿色创新行为评估进行研究。Rabêlo 和 Melo[12]采用 logistic 回归分析 2003—2011 年巴西行业样本，研究表明，生态创新复杂性越高，产业寻求外部合作伙伴的难度越大，合作可以提高产业生态创新的概率。Theyel 和 Hofmann[13]评估美国中小型制造商在采用环境管理和协作实践方面的行业差异，以及与此相关的产品和工艺创新的差异。

综上可知，首先，2015—2019 年国外学术界对交通与汽车产业、酒店业、建筑业、农业、能源产业等产业绿色创新绩效评估研究较多，对其他产业绿色创新绩效评估关注较少。其次，产业绿色创新绩效评估主要从案例入手，采用偏最小二乘结构分析、回归分析等计量方法进行研究；但多局限于横截面调查，抽样样本覆盖面不全，研究模型过于单一，定量分析与定性分析结合不够。最后，产业绿色创新绩效评估忽视环境影响的反弹效应问题。

（二）产业绿色创新机理研究

近年来，学者越来越多地开始关注产业绿色创新的驱动因素。

1. 技术。Albort – Morant 等[14]以西班牙汽车零部件制造业为样本，在合作框架下，探讨知识基础、组织学习与绿色创新绩效之间的关系，发现绿色创新受到广泛而深刻的知识基础的直接影响，组织学习对知识基础与绿色创新绩效之间的中介作用呈显著正相关。Astuti 等[15]研究发现，大学的角色对天然石材手工艺品部门创意产业生态创新实施具有显著影响。

2. 文化。产业文化直接影响产业绿色创新，文化管理是实施绿色创新的必要条件。绿色组织文化是绿色创新和竞争优势的重要影响因素，竞争优势受绿色创新中介作用的影响[16]。Spirko 等以大众汽车集团为例，探讨汽车产业的生态创新，“工厂蓝色思维”的引入对汽车制造中生态创新的增加产生重大影响。Beuter Júnior 等[17]探讨基于知识的动态能力（KBDCs）如何影响塑料绿色创新的过程。有学者探讨不同组织文化类型（等级制度、家族、市场和民主文化等）与生态创新模式之间的关系[18]。

3. 制度。实证研究发现可再生能源支持政策可以发挥激励效应，增加太阳能和风能相关技术的专利申请[19]，绿色公共采购政策刺激和推动欧洲建筑业绿色转型[20]，受政府补助的产业比较倾向绿色创新。Borghesi 等[21]在研究气候和能源政策对欧盟生态创新的影响时，发现政策执行受能源成本这一潜在因素制约。环境法规是产业绿色创新的重要影响因素，Bar 和 Eirin[22]对鱼加工设备行业绿色创新的案例研究发现，政府机构对鱼类加工设备提出更严格的环境要求，以及生产商和最终客户之间的长期承诺，可能是激发绿色创新的有效途径。制度是绿色创新的重要制约因素，任何制度实施要保证连贯性与一致性，否则会产生不确定性并阻碍相关产业发展[23]。

4. 合作。通过与外部合作伙伴的协作和网络进行学习以及信息交换，对于产业绿色创新非常重要，产业绿色创新往往需要合作解决技术难题。Cunico 等[24]采用结构方程模型对木薯加工业进行分析，发现技术合作与生态创新的产生存在一定关系。Muscio 等[25]研究发现，内部研发与外部代理商的合作对意大利葡萄酒行业生态创新产生重大影响。

有学者认为应从不同角度，即从内部因素（竞争优势的前景、市场效益、环境管理、人力资源等）与外部因素（监管压力、市场需求、合作、政府支持等）或者技术推动与需求拉动的对比角度考虑[26-27]。不同生态创新类型对不同动因反应不同，例如，Roddis[28]列举英国风能领域解决生物多样性影响的 15 个创新案例，研究发现，生态工艺和生态组织创新对制度和政治影响最敏感，而供给侧因素（如成本节约）对生态产品创新影响最大。

产业绿色创新机理的评价方法与模型得到发展。Horin[29]运用因子分析和 SWOT 分析，研究波兰支持农业生态创新的有效性、机遇和挑战。Abdulla[30]等对马来西亚汽车供应链行业的 153 家公司所收集的数据使用偏最小二乘技术分析。Giana 等[31]从可持续供应链管理的角度，分析绿色塑料创新过程。Gossart 和 Ozaygen[32]探讨使用多元线性规划分析方法，提出生态创新策略，以克服 Led 行业生态创新障碍。

学者们较多地关注新能源、新材料产业等发展潜力大、前景好的产业绿色创新机理，忽视对其他产业绿色创新机理的研究，忽视区位、知识、创新能力、产业生态网络等因素的影响。

（三）产业绿色创新策略研究

建筑法规、部门政策、废弃物政策、科学创新政策等促进产业绿色创新[33]。产业应加强合作，刺激绿色创新。Kara 等[34]倡导创建一个多相关利益者平台，促进地中海可持续水产养殖。学者还认为应考虑产业面临的主要挑战和区域背景，提出针对性建议。Bichai 等[35]以澳大利亚、阿拉伯联合酋长国和约旦三个政治经济各具特色的缺水国家为案例，分析多层次创新系统，记录水回收系统创新的动态，提出政策方案。Radnejad 等[36]在元组织概念基础上，提出建设创新中介机构的建议。

如建立非营利性创新中介机构，可推动加拿大石油业可持续发展；Sarkar 等[37]探讨加拿大农业生物经济面临的主要挑战，包括减缓和适应气候变化、建立可持续农业系统、加强清洁技术创新和应对生产挑战，这不仅需要创新驱动的变革解决方案，而且需要在各种供应链采用新技术。

为促进产业绿色创新，国外尤其是欧盟颁布众多政策，涉及财政、环境、资源等领域，但缺少对政策干预的风险、政策之间协调性的评估。重视技术研发，忽视绿色创新文化培育、绿色创新能力提升、产业生态网络构建等措施。学者多是针对某一产业提出改进建议，忽视不同产业之间的分工合作。

三、区域绿色创新研究

（一）区域绿色创新能力和水平评价研究

国外对区域绿色创新能力和水平的评价方法主要集中于以下五类方法。

1. 构建综合指数法。Walz 等[38]使用一般创新能力和特定绿色技术能力指标进行研究，结果表明，与新兴工业化国家相比，传统经合组织国家总体上仍具有优势。Davidescu 等[39]采用该方法衡量 2003—2013 年 27 个国家的生态创新维度，研究表明，罗马尼亚生态创新水平与其他国家相比较低。有学者结合区域背景选定指标构建评价模型，Wu 和 Li[40]从节能环保、公共财政、教育与人才引进、绿色金融与技术五个方面对以色列绿色创新体系进行分析。

2. 采用数据包络分析（DEA）衡量区域绿色创新效率。

Mavi 和 Standing[41]运用 DEA 模型对经合组织国家的生态效率和生态创新进行评估并排序，结果表明，瑞士、爱尔兰、冰岛和卢森堡是生态创新型国家，其他经合组织国家必须改进自身的生态创新。

3. 使用生态创新记分牌对区域生态创新进行评价。Loucanova 等[42]使用生态创新记分牌（包括 5 个主题领域：生态创新投入、生态创新活动、生态创新产出、资源效率和社会经济效果）评价斯洛伐克共和国的生态创新。通过描述性方法分析各区域及指标之间的相互作用，发现斯洛伐克的生态创新水平较低，整体生态创新水平低于欧盟标准平均水平。

4. 将循环经济理念及其与生态创新的相互关系纳入衡量体系。Smol 等[43]研究的重点是设计区域一级衡量循环经济—生态创新指标的方法。考虑循环经济—生态创新投入、循环经济—生态创新活动、循环经济—生态创新产出、资源效率产出和社会经济效果五个方面，以透明和可获取的指标为基础，比较欧盟国家区域内循环经济—生态创新水平。

5. 其他方法。随着绿色创新日益受到各区域关注，涌现多种评价方法。Kobryń 和 Prystrom[44]提出一种新的多准则分析方法——PROTERRA 法，定义四个创新水平等级：生态创新领导者、优秀生态创新者、弱生态创新者和生态创新局外者，旨在分析和评价欧盟国家生态创新水平，并根据计算出的全球生态创新水平评级，评价欧盟国家所在类别。

国外对区域绿色创新能力和水平评价研究已取得一定进展，涉及区域多为跨国区域如欧盟国家，对国家内部区域绿色创新水平和能力评价较少。研究方法涉及管理学、经济学、统计学等，以定量分析为主，指标选取掺杂主观因素，评价指标体系不够全面。部分学者根据循环经济构建区域绿色创新水平评价指标体系，重视技术创新、制度创新，但忽视文化创新、公平原则以及“6R”（再思考、减量化、再利用、再循环、再修复、再重组）原则。

（二）区域绿色创新效应研究

1. 绿色创新已成为国家与地区获得竞争优势的重要路径。Apak 和 Atay[45]研究发现绿色技术和知识生产提高了欧盟的全球竞争力。Aldieri 等通过面板数据模型研究发现环境创新对俄罗斯地区生产力提高产生积极影响。

2. 区域绿色创新与可持续发展关系密切。在能源效率方面，多项研究表明绿色创新对提高能效存在显著积极影响，但不同经济体之间存在差异[46]。Du、Li 等[47-48]基于一个涵盖1996—2012 年 71 个经济体的数据面板，研究绿色技术创新对二氧化碳排放、全要素生产率的影响。虽然绿色技术创新对二者具有积极影响，但受经济水平影响，高收入经济体绿色技术创新的促进效果更明显。在能源转型方面，学者认为可再生能源领域的创新活动对能源转型影响不一。Noseleit[49]通过实证研究发现，一个国家的国内创新活动对可再生能源发电能力的影响大于国外技术创新。近年来，学者意识到绿色创新成为区域绿色发展的重要推动力[50]，并为区域向循环经济转型铺平道路[51]。2015 年，欧盟委员会通过了《循环经济和循环经济一揽子行动计划》，承认生态创新在经济转型中的关键作用[52]。随着人本主义越发受到全球关注，区域绿色创新带来何种社会效应受到各国重视。Severo、Aldieri 等[53-54]研究发现，绿色创新对人口福利、社会责任（环境意识）、清洁生产、可持续消费产生积极影响。Beretta[55]通过分析意大利智慧城市生态创新的社会效应发现，不同类别项目的有益影响未必针对所有社会群体。一般来说，智能项目很少能带来更多的机会，很少真正造福于最贫困的人。Sovacool 等[56]评估四种新兴的家庭低碳创新（能源服务合同、电动汽车、太阳能光伏和低碳取暖）在哪些方面能够实现能源公平目标。

学者们虽然根据不同地理背景横跨各大洲选择区域进行探讨，但局限于欧洲和北美，较多关注发达国家，缺乏对发展中国家、欠发达经济体的绿色创新研究。一些学者通过案例或者访谈调查进行定性分析，多数学者倾向采用固定效应模型、STIRPAT 和 IPAT 模型、多元线性回归模型、随机前沿模型等模型进行研究。越来越多的学者研究区域实施绿色创新的环境效益和社会效益，但对区域绿色创新能否带来环境效益、社会效益与经济效益的协同，在时间与空间上是否存在转移或重新分配风险研究不足。此外，对区域绿色创新惠及群体的差异性和绿色创新效应的区域差异研究不足。

（三）区域绿色创新机理研究

1. 政府管理。区域早期的绿色创新发展需要政府监管，提供财政支持，以便向低碳、循环经济过渡[57]。Veugelers 认为，环境监管刺激创新，并导致“双赢”，但需要政府干预，以解决环境和知识外部性的结合，克服路径依赖[58]。政府不能无序干预绿色创新，科学协同会加速绿色创新[59]。Morales - Lage 等[60]实证研究发现更严格的环境法规对经合组织国家绿色创新有正向影响，但环境法规的严格程度超过阈值，对经合组织国家绿色创新产生负向影响[61]。政策工具是区域绿色创新的重要影响因素，如价格政策影响区域绿色创新。碳定价不仅能减少污染技术的生产和消费，而且将成为开发新技术以减少负环境外部性的重要动力。Dai 和 Zhang[62]基于南北市场环境研究最优绿色过程创新和差异化定价策略。依赖某一政策工具远远不够，政策之间的互补为绿色创新提供动力；Veugelers[63]通过实例研究认为，政策工具——碳定价、监管、对清洁研发的政策与公众支持应同时协调部署。Kruse 和 Wetzel[64]基于欧洲专利局数据研究发现，能源价格和技术知识自 1997 年京都议定书协议之后对绿色能源创新的影响变得更明显。有学者认为政策组合最优化能实现最大整体效果，带来“双重红利”，低碳和生态创新研究应该更广泛地关注政策组合的特点[65]。虽然 Costantini 等[66]对 23 个经合组织国家研究证明，全面的政策组合能够加强新能源技术的创新活动。然而，简单地同时增加任意数量的政策工具可能会降低政策组合的效力，国家间的政策相似性可能是政策组合设计中需要考虑的一个重要方面。

2. 区位。区域绿色创新与特定领土的制度和区域治理相关，相关学者对影响区域绿色创新的动力机制进行跨国比较分析。根据 Singh 等[67]的研究，与欧盟国家相比，日本的环境政策在促进创新方面更有效。还有一些学者强调，虽然区域和区位因素由于缺乏足够的数据被忽视，但是“转型地区”由于特殊性应受关注。例如，Horbach[68]在分析欧洲国家生态创新的决定因素时发现，管制活动和环境补贴对东欧国家似乎比对较富裕的西欧国家更重要；Dante 等[69]对环境专利纵向分析后发现，新社会主义国家往往比多元化国家产生更重要的环境创新；Bitencourt 等[70]发现，与人类发展指数较高的国家相比，人类发展指数较低国家的生态创新对企业绩效的影响更大。

3. 合作。从多螺旋角度入手，研究合作对区域绿色创新的影响。例如，Ratten[71]突出校企合作对澳大利亚大堡礁地区可持续发展和创新的影响。Carayannis 等[72]在以大学—产业—政府关系、公共和公民社会以及自然环境为重点的五螺旋创新模型框架下，提出俄罗斯北极地区能源大陆架可持续发展的框架。

4. 民间社会和生态因素。Muokhe 和 Kingiri [73]研究发现，在肯尼亚的学习和能力建设方面，民间社会在低碳创新中发挥至关重要作用，建议采取重大干预措施，承认民间社会作为基层创新的重要参与者并将其制度化。Andabaka 等[74]证明较高的城市垃圾回收利用率对欧盟生态创新有积极影响。

由于数据限制，缺乏对不同国家之间的比较分析，缺乏对不同类型区域如发达与欠发达地区、山地与平原地区等绿色创新机理的比较研究。国外研究强调政府管理、区位、合作、民间社会、生态因素等对区域绿色创新的影响，忽视文化、市场等因素的作用。此外，各影响因素是否存在交互效应和中介效应、如何协调等有待研究。

（四）区域绿色创新网络研究

区域绿色创新网络或集群涉及广泛的目标，有学者认为区域绿色创新网络是推动产业共生以及实现经济、社会与环境包容和谐发展的有力工具。例如，罗马尼亚生态创新网络的发展加强了决策者、企业、学术界与专家的合作伙伴关系[75]。印度包容性国家创新体系和“从基层到全球”（G2G）模式对可持续发展意义重大[76]。巴西南部金属—机械产业集群的产品创新和工艺创新减少了废弃物的产生、原材料的消耗、能源和水资源消耗[77]。Suresh 等[78]认为，包容性智能创新集群本质上是一个综合性生态工业园，并从经济、环境和社会可持续性视角，讨论集群的概念模型以及建立在特定背景下的关键指标和影响因素，为集群可持续性评估开发一个综合决策支持系统。Segers[79]探讨绿色生物技术集群在佛兰德斯（比利时）生物区特别是根特创新区的长期发展，研究表明，三重螺旋（企业—政府—学术界）和公私框架结合与大型全球公司的战略联盟，促进绿色生物技术发展；缺乏稳定性、社会资本和市场需求不足是北欧气候集群（NOCC）生态创新网络失败的主要原因[80]。知识探索策略是西班牙世界遗产城市的文化旅游集群企业利用社会资本潜力进行生态创新的重要驱动力[81]。

大多数学者对区域绿色创新网络的特征、作用、概念模型、影响因素、评估等进行研究，重点关注区域绿色创新网络的合作与组成，忽视对区域绿色创新网络的演化、空间结构、协同效应等的研究。如何在时间与空间上实现区域创新网络与生态系统、社会系统的耦合以及低碳经济、循环经济与区域创新网络的融合有待深入研究。

四、展望

2015 年之前，国外对绿色创新研究侧重企业微观层次，重点对其影响因素、绩效等进行研究，一些学者对绿色创新概念进行辨析。在已有研究的基础上，本文选取 2015—2019 年时间段，重点对产业绿色创新和区域绿色创新相关研究进行述评。目前，绿色创新与循环经济、碳排放、人类福祉等联系密切，学者们通过多学科、跨领域交叉融合，构建理论框架，进行大量研究，但仍有许多领域的研究尚不成熟。针对目前存在的不足，提出以下建议。

（一）加强产业绿色创新研究

开展不同类型产业绿色创新的比较研究，加强采矿业等产业绿色创新评估研究。产业绿色创新绩效评估须综合考虑经济效益、社会效益和生态环境效益以及产业绿色创新的演化和地区差异性。采用多种模型评估，相互借鉴，定性分析与定量分析相结合。产业绿色创新研究要考虑其与产业结构、产业组织、产业布局的动态相互作用。加强产业绿色创新机理研究，重视区位、知识、创新能力、产业生态网络等因素对产业绿色创新的影响研究。加强对产业绿色创新政策的干预风险、政策之间协调性评估的研究。加强对绿色创新文化培育、绿色创新能力提升、产业生态网络构建等绿色创新措施的研究。加强对不同产业绿色创新之间的分工合作研究。

（二）加强区域绿色创新研究

丰富研究区类型，如开展城市群和都市圈的绿色创新以及欠发达经济体的绿色创新研究。加强国家内部区域绿色创新水平评价，完善区域绿色创新评价指标体系，加强定性分析与定量分析的结合。探讨区域绿色创新能否带来生态环境效益、社会效益与经济效益的协同，在时间与空间上是否存在转移或重新分配风险以及区域绿色创新惠及群体的差异性和绿色创新效应的区域差异。

（三）加强循环经济、低碳经济与产业创新、区域创新融合研究

例如，结合循环经济、低碳经济，开展不同类型产业和区域绿色创新的机理、空间结构、演化和路径研究。根据低碳经济和循环经济完善产业和区域绿色创新评估指标体系。

（四）加强我国不同类型产业和区域绿色创新研究

我国正处于经济转型关键时期，循环、低碳和绿色发展，建设创新型国家以及实施新旧动能转换已上升为国家战略。因此，要加强我国不同类型产业和区域绿色创新研究，促进我国的创新型国家建设和绿色发展。

参考文献

[1] Fussler C, James P. Driving eco – innovation: a breakthrough discipline for innovation and sustainability [M]. London: Pitman Publishing, 1996.

[2] García – Pozo A, Sánchez – Ollero J L, Marchante – Lara M. Eco – innovation and management: An empirical analysis of environmental good practices and labour productivity in the Spanish hotel industry [J]. Innovation, 2015, 17 (1): 58 – 68.

[3] Iranmanesh M, Zailani S, Moeinzadeh S, et al. Effect of green innovation on job satisfaction of electronic and electrical manufacturers' employees through job intensity: personal innovativeness as moderator [J]. Review of Managerial Science, 2017, 11 (2): 299 – 313.

[4] Sellitto M A, Hermann F F. Influence of green practices on organizational competitiveness: a study of the electrical and electronics industry [J]. Engineering Management Journal, 2019, 31 (2): 98 – 112.

[5] Wirda F, Herizon H, Herri H, et al. Green Innovation as a Determinant of Competitive Advantage in Creative Industry in Indonesia [J]. Advances in Social Science, Education and Humanities Research, 2019, 307: 404 – 408.

[6] Gallucci T, Dimitrova V, Marinov G. Interrelation between Eco – Innovation and Intra – Industry Trade—A Proposal for a Proxy Indicator of Sustainability in the EU Countries [J]. Sustainability, 2019, 11 (23): 6641.

[7] Wurlod J D, Noailly J. The impact of green innovation on energy intensity: An empirical analysis for 14 industrial sectors in OECD countries [J]. Energy Economics, 2018, 71: 47 – 61.

[8] Vivanco D F, Kemp R, van der Voet E. The relativity of eco – innovation: environmental rebound effects from past transport innovations in Europe [J]. Journal of Cleaner Production, 2015, 101: 71 – 85.

[9] García – Machado J J, Martínez – Ávila M. Environmental Performance and Green Culture: The Mediating Effect of Green Innovation. An Application to the Automotive Industry [J]. Sustainability, 2019, 11 (18): 4874.

[10] Gunarathne A D N, Peiris H M P. Assessing the impact of eco – innovations through sustainability indicators: the case of the commercial tea plantation industry in Sri Lanka [J]. Asian Journal of Sustainability and Social Responsibility, 2017, 2 (1): 41 – 58.

[11] Lee K H, Min B. Green R&D for eco – innovation and its

impact on carbon emissions and firm performance [J]. Journal of Cleaner Production, 2015, 108 (A): 534 - 542.

[12] Rabêlo O D S, Melo A S S D. Drivers of multidimensional eco - innovation: empirical evidence from the Brazilian industry [J]. Environmental technology, 2019, 40 (19): 2556 - 2566.

[13] Theyel G, Hofmann K H. Environmental practices and innovation performance of US small and medium - sized manufacturers [J]. Journal of Manufacturing Technology Management, 2015, 26 (3): 333 - 348.

[14] Albort - Morant G, Leal - Millán A, Cepeda - Carrion G, et al. Developing green innovation performance by fostering of organizational knowledge and coopetitive relations [J]. Review of managerial science, 2018, 12 (2): 499 - 517.

[15] Astuti M, Prawoto P, Irawan Y S, et al. The Role of the University in the Implementation of Eco - Innovation at the Creative Industry Center of Natural Stone Crafts [J]. International Journal of Integrated Engineering, 2019, 11 (5): 58 - 65.

[16] Gürlek M, Tuna M. Reinforcing competitive advantage through green organizational culture and green innovation [J]. The service industries journal, 2018, 38 (7 - 8): 467 - 491.

[17] Beuter Júnior N, Faccin K, Volkmer Martins B, et al. Knowledge - based dynamic capabilities for sustainable innovation: The case of the green plastic project [J]. Sustainability, 2019, 11 (8): 2392.

[18] Del Rosario R S M, Patricia S M, René D P. Eco – innovation and organizational culture in the hotel industry [J]. International Journal of Hospitality Management, 2017, 65: 71 – 80.

[19] Diederich H, Althammer W. Environmental Regulation and Innovation in Renewable Energy Technologies [J/OL]. (2016.1.28). Available at SSRN: https://doi.org/10.2139/ssrn.2736357.

[20] Sparrevik M, Wangen H F, Fet A M, et al. Green public procurement – a case study of an innovative building project in Norway [J]. Journal of Cleaner Production, 2018, 188: 879 – 887.

[21] Borghesi S, Crespi F, D'Amato A, et al. Carbon abatement, sector heterogeneity and policy responses: evidence on induced eco innovations in the EU [J]. Environmental Science & Policy, 2015, 54: 377 – 388.

[22] Bar S, Eirin. A case study of obstacles and enablers for green innovation within the fish processing equipment industry [J]. Journal of Cleaner Production, 2015, 90: 234 – 243.

[23] Uyarra E, Shapira P, Harding A. Low carbon innovation and enterprise growth in the UK: Challenges of a place – blind policy mix [J]. Technological Forecasting and Social Change, 2016, 103: 264 – 272.

[24] Cunico E, Cirani C B S, Lopes E L, et al. Eco – innovation and technological cooperation in cassava processing companies: structural equation modeling [J]. Revista De Administração,

2017, 52 (1): 36 -46.

[25] Muscio A, Nardone G, Stasi A. How does the search for knowledge drive firms' eco - innovation? Evidence from the wine industry [J]. Industry and Innovation, 2017, 24 (3): 298 -320.

[26] Costantini V, Crespi F, Martini C, et al. Demand - pull and technology - push public support for eco - innovation: The case of the biofuels sector [J]. Research Policy, 2015, 44 (3): 577 -595.

[27] Dangelico R M. Green product innovation: Where we are and where we are going [J]. Business Strategy and the Environment, 2016, 25 (8): 560 -576.

[28] Roddis P. Eco - innovation to reduce biodiversity impacts of wind energy: Key examples and drivers in the UK [J]. Environmental Innovation and Societal Transitions, 2018, 28: 46 -56.

[29] Horin N. Support of Eco - innovation Projects inAgriculture: Case of Poland [J]. Problems of World Agriculture, 2016, 16 (4): 123 -130.

[30] Abdullah M, Zailani S, Iranmanesh M, et al. Barriers to green innovation initiatives among manufacturers: the Malaysian case [J]. Review of Managerial Science, 2016, 10 (4): 683 -709.

[31] Giana D V M, Finocchio C P S, Barichello R, et al. Sustainability and innovation in the Brazilian supplychain of green plastic [J]. Journal of Cleaner Production, 2018, 177: 12 -18.

[32] Gossart C, Ozaygen A. Barriers to eco - innovation in the LED sector: A multilevel perspective [J/OL]. (2016.11.25). Avail-

able at SSRN: https: //ssrn. com/abstract =2875846.

[33] Kemp R, Barteková E, Türkeli S. The innovation trajectory of eco – cement in the Netherlands: a co – evolution analysis [J]. International Economics and Economic Policy, 2017, 14 (3): 409 –429.

[34] Kara M H, Lacroix D, Rey – Valette H, et al. Dynamics of research in aquaculture in North Africa and support for sustainable development and innovation [J]. Reviews in Fisheries Science & Aquaculture, 2018, 26 (3): 309 –318.

[35] Bichai F, Grindle A K, Murthy S L. Addressing barriers in the water – recycling innovation system to reach water security in arid countries [J]. Journal of Cleaner Production, 2018, 171: 97 –109.

[36] Radnejad A B, Vredenburg H, Woiceshyn J. Meta – organizing for open innovation under environmental and social pressures in the oil industry [J]. Technovation, 2017, 66: 14 –27.

[37] Sarkar S F, Poon J S, Lepage E, et al. Enabling a sustainable and prosperous future through science and innovation in the bioeconomy at Agriculture and Agri – Food Canada [J]. New biotechnology, 2018, 40: 70 –75.

[38] Walz R, Pfaff M, Marscheider – Weidemann F, et al. Innovations for reaching the green sustainable development goals – where will they come from? [J]. International Economics and Economic Policy, 2017, 14 (3): 449 –480.

[39] Davidescu A A M, Paul A M V, Gogonea R M, et

al. Evaluating Romanian eco – innovation performances in European context [J]. Sustainability, 2015, 7 (9): 12723 – 12757.

[40] Wu T, Li Y T. A Review of the National Green Innovation System in Israel [C] //IOP Conference Series: Earth and Environmental Science. England: IOP Publishing, 2019, 252 (4): 042120.

[41] Mavi R K, Standing C. Eco – innovation analysis with DEA: an application to OECD countries [J]. International Journal on Computer Science and Information Systems, 2017, 12 (2): 133 – 147.

[42] Loucanova E, Parobek J, Kalamarova M, et al. Eco – innovation Performance of Slovakia [J]. Procedia Economics and Finance, 2015, 26: 920 – 924.

[43] Smol M, Kulczycka J, Avdiushchenko A. Circular economy indicators in relation to eco – innovation in European regions [J]. Clean Technologies and Environmental Policy, 2017, 19 (3): 669 – 678.

[44] Kobryń A, Prystrom J. Multi – Criteria Evaluation of the Eco – Innovation Level in the European Union Countries [J]. Problemy Ekorozwoju, 2017, 12 (2): 15 – 26.

[45] Apak S, Atay E. Global competitiveness in the EU through green innovation technologies and knowledge production [J]. Procedia – Social and Behavioral Sciences, 2015, 181: 207 – 217.

[46] Sun H, Edziah B K, Sun C, et al. Institutional quality, green innovation and energy efficiency [J]. Energy policy, 2019, 135: 111002.

[47] Du K, Li P, Yan Z. Do green technology innovations contribute to carbon dioxide emission reduction? Empirical evidence from patent data [J]. Technological Forecasting and Social Change, 2019, 146: 297 - 303.

[48] Du K, Li J. Towards a green world: How do green technology innovations affect total - factor carbon productivity [J]. Energy Policy, 2019, 131: 240 - 250.

[49] Noseleit F. Renewable energy innovations and sustainability transition: How relevant are spatial spillovers? [J]. Journal of Regional Science, 2018, 58 (1): 259 - 275.

[50] Mensah C N, Long X, Dauda L, et al. Technological innovation and green growth in the Organization for Economic Cooperation and Development economies [J]. Journal of Cleaner Production, 2019, 240: 118204.

[51] Vence X, Pereira Á. Eco - innovación y modelos de negocio circulares como facilitadores de una economía circular [J]. Contaduría y administración, 2019, 64 (1): 1 - 19.

[52] de Jesus A, Antunes P, Santos R, et al. Eco - innovation pathways to a circular economy: Envisioning priorities through a Delphi approach [J]. Journal of Cleaner Production, 2019, 228: 1494 - 1513.

[53] Severo E A, de Guimarães J C F, Dorion E C H. Cleaner production, social responsibility and eco - innovation: Generations' perception for a sustainable future [J]. Journal of Cleaner Production,

2018, 186: 91 - 103.

[54] Aldieri L, Bruno B, Vinci C P. Does environmental innovation make us happy? An empirical investigation [J]. Socio - Economic Planning Sciences, 2019, 67: 166 - 172.

[55] Beretta I. The social effects of eco - innovations in Italian smart cities [J]. Cities, 2018, 72: 115 - 121.

[56] Sovacool B K, Lipson M M, Chard R. Temporality, vulnerability, and energy justice in household low carbon innovations [J]. Energy policy, 2019, 128: 495 - 504.

[57] Owen R, Brennan G, Lyon F. Enabling investment for the transition to a low carbon economy: government policy to finance early stage green innovation [J]. Current Opinion in Environmental Sustainability, 2018, 31: 137 - 145.

[58] Tariq A, Badir Y F, Tariq W, et al. Drivers and consequences of green product and process innovation: A systematic review, conceptual framework, and future outlook [J]. Technology in Society, 2017, 51: 8 - 23.

[59] Kirchherr J, Piscicelli L, Bour R, et al. Barriers to the circular economy: evidence from the European Union (EU) [J]. Ecological Economics, 2018, 150: 264 - 272.

[60] Morales - Lage R, Bengochea Morancho A, Martínez - Zarzoso I. Does environmental policy stringency foster innovation and productivity in OECD countries? [J/OL]. (2016.4.14). Available at SSRN: https://ssrn.com/abstract=2764834.

[61] Johnstone N, Managi S, Rodríguez M C, et al. Environmental policy design, innovation and efficiency gains in electricity generation [J]. Energy Economics, 2017, 63: 106 – 115.

[62] Dai R, Zhang J. Green process innovation and differentiated pricing strategies with environmental concerns of South – North markets [J]. Transportation Research Part E: Logistics and Transportation Review, 2017, 98: 132 – 150.

[63] Veugelers R. Empowering the Green Innovation Machine [J]. Intereconomics, 2016, 51 (4): 205 – 208.

[64] Kruse J, Wetzel H. Energy prices, technological knowledge, and innovation in green energy technologies: a dynamic panel analysis of European patent data [J]. CESifo Economic Studies, 2016, 62 (3): 397 – 425.

[65] Rogge K S, Schleich J. Do policy mix characteristics matter for low – carbon innovation? A survey – based exploration of renewable power generation technologies in Germany [J]. Research Policy, 2018, 47 (9): 1639 – 1654.

[66] Costantini V, Crespi F, Palma A. Characterizing the policy mix and its impact on eco – innovation: A patent analysis of energy – efficient technologies [J]. Research policy, 2017, 46 (4): 799 – 819.

[67] Singh R K, Yabar H, Nozaki N, et al. Comparative study of linkage between environmental policy instruments and technological innovation: Case study on end – of – life vehicles technologies in Ja-

pan and EU [J]. Waste management, 2017, 66: 114 - 122.

[68] Horbach J. Empirical determinants of eco - innovation in European countries using the community innovation survey [J]. Environmental Innovation and Societal Transitions, 2016, 19 (4): 1 - 14.

[69] Dante I. Leyva - de la Hiz. Environmental innovations and policy network styles: The influence of pluralism and corporativism [J]. Journal of Cleaner Production, 2019, 232: 839 - 847.

[70] Bitencourt C C, de Oliveira Santini F, Zanandrea G, et al. Empirical generalizations in eco - innovation: A meta - analytic approach [J]. Journal of Cleaner Production, 2019, 245: 118721.

[71] Ratten V, Peris - Ortiz M, Ferreira J, et al. Multiple helix ecosystems for sustainable competitiveness [M]. Switzerland: Springer Publishing, 2016: 15 - 25.

[72] Carayannis E G, Cherepovitsyn A E, Ilinova A A. Sustainable development of the Russian Arctic zone energy shelf: The role of the quintuple innovation helix model [J]. Journal of the Knowledge Economy, 2017, 8 (2): 456 - 470.

[73] Muok B O, Kingiri A. The role of civil society organizations in low - carbon innovation in Kenya [J]. Innovation and Development, 2015, 5 (2): 207 - 223.

[74] Andabaka A, Sertić M B, Harc M. Eco - innovation and Economic Growth in the European Union [J]. Zagreb International Review of Economics and Business, 2019, 22 (2): 43 - 54.

[75] Szilagyi A, Mocan M, Verniquet A, et al. Eco - inno-

vation, a business approach towards sustainable processes, products and services [J]. Procedia - Social and Behavioral Sciences, 2018, 238: 475-484.

[76] Prasad K. Communication, Culture and Ecology: Rethinking Sustainable Development in Asia [M]. Singapore: Springer Publishing, 2018: 173-186.

[77] Severo E A, Dorion E C H, Guimarães J C F D. Innovation and environmental sustainability: analysis in Brazilian metal-mechanic industry [J]. International Journal of Innovation and Sustainable Development, 2017, 11 (2-3): 230-248.

[78] Suresh B, Erinjery J J, Jegathambal P. Indicators and Influence Factors for Sustainability Assessment of Inclusive Smart Innovation Clusters [J]. Journal of Geological Resource and Engineering, 2016, 7: 305-327.

[79] Segers J P. Green Biotechnology in Belgium: The Ghent Innovation District [J/OL]. (2017.5.15). Available at SSRN: https://ssrn.com/abstract=2986113.

[80] Sarasini S. (Failing to) create eco-innovation networks: The Nordic Climate Cluster [J]. Technology Analysis & Strategic Management, 2015, 27 (3): 283-299.

[81] Martínez-Pérez Á, García-Villaverde P M, Elche D. Eco-innovation antecedents in cultural tourism clusters: External relationships and explorative knowledge [J]. Innovation, 2015, 17 (1): 41-57.

附录六　山东省经济高质量发展评价研究[①]

在经济新常态和新旧动能转换的背景下，2019 年，山东省人民政府出台《关于统筹推进生态环境保护与经济高质量发展的意见》。2020 年，“山东省国民经济和社会发展十四个五年规划和二〇三五年远景目标”提出要牢牢把握高质量发展主题，发挥山东省在黄河流域生态保护和高质量发展中的龙头作用。因此，本文对山东省经济高质量发展进行评价具有重要意义。

一、山东省经济高质量发展评价指标体系构建

本文参考已有研究成果，遵循“创新、协调、绿色、开放、共享”五大发展理念，从不同维度构建山东省经济高质量发展评价指标体系（见表 1），重点从低碳经济、循环经济和“双循环”战略视角补充新指标。

---

① 本文由慈福义与姜亚俊合作完成。

表 1　山东省经济高质量发展评价指标体系

系统层	准则层	指标层	指标单位	属性
创新发展	研发投入	R&D 经费内部支出占 GDP 比重	%	+
		科教支出占公共财政支出比重	%	+
		规模以上工业企业 R&D 人员	人	+
	研发产出	万人专利授权数	件	+
		高新技术产业产值占工业比重	%	+
协调发展	城乡协调	城乡收入水平差异	/	-
		城乡恩格尔系数差异	/	-
	区域协调	城镇化率	%	+
		各市人均 GDP 与山东省人均 GDP 差异	/	+
	产业协调	第三产业增加值占 GDP 比重	%	+
	增长协调	经济增长波动率	%	-
绿色发展	资源利用	单位 GDP 能耗	吨标准煤/万元	-
		单位 GDP 电耗	千瓦时/万元	-
		工业固体废弃物综合利用率	%	+
	环境治理	人均二氧化碳排放量	吨/人	-
		工业二氧化硫排放强度	吨/亿元	-
		工业固体废弃物排放强度	吨/万元	-
		工业废水排放强度	吨/万元	-
		节能环保支出占公共财政支出比重	%	+
		建成区绿化覆盖率	%	+
开放发展	外贸开放度	进出口总额占 GDP 比重	%	适度
	外资利用度	实际利用外资占 GDP 比重	%	+
	旅游开放度	各市入境旅游（外汇）收入占 GDP 比重	%	+
共享发展	生活水平	人均可支配收入	元	+
		城镇登记失业率	%	-

续表

系统层	准则层	指标层	指标单位	属性
共享发展	公共服务	公共交通平均客运量	万人/辆	+
		每千人口卫生技术人员数	人	+
		人均公共图书馆藏书量	册/件	+
	社会保障	基本社会保险覆盖率	%	+
		社会保障和就业支出占地方财政支出比重	%	+

注：指标属性中，“＋”代表正向指标，“－”代表负向指标。

1. 创新是驱动经济高质量发展的根本动力。本文用 R&D 经费内部支出占 GDP 比重、科教支出占公共财政支出比重表征研发经费投入，用规模以上工业企业 R&D 人员表征研发人力投入，用万人专利授权数、高新技术产业产值占工业比重代表创新成果产出水平。

2. 协调是促进经济高质量发展的重要保证。城乡一体化是经济高质量发展的内在要求，用城乡收入水平差异、城乡恩格尔系数差异表征城乡收入、消费协调水平。城镇化率是反映一个地区协调发展和社会进步的主要标志，各市人均 GDP 与山东省人均 GDP 的差异反映地区收入发展差距。产业结构要向环境污染轻、经济效益高的第三产业调整，因此，选取第三产业增加值比重指标。经济增长不能仅关注经济增长速度，更要关注经济平稳增长，以经济波动率评价经济发展的稳定性。

3. 绿色是经济高质量发展的底色。绿色性要求将绿色经济、低碳经济与循环经济相结合。单位 GDP 能耗、单位 GDP 电耗、工业固体废弃物综合利用率衡量资源消耗和利用情况。人均二氧化碳排放量、工业废水排放强度、工业二氧化硫排放强度、工业固体废弃物排放强度等指标表征工业“三废”排放情况。为体现工业污染下降率与经济总量增长率之间的对应关系，选用工业废水排放强度、工业二氧化硫排放强度等强度型指标。环境治理须体现生态修复内容，因此，选用建成区绿化覆盖率指标。从资金投入角度，选取节能环保支出占公共财政支出比重衡量环境有效治理水平。

4. 开放是推动经济高质量发展的重要路径。本文选取进出口总额占 GDP 比重、实际利用外资占 GDP 比重、各市入境旅游（外汇）收入占 GDP 比重三项指标，并且参照全球主要经济体外贸依存度和山东省外贸发展现状，取平均值（约 40%）作适度值，对指标进行测算。目前，山东省各城市外资利用度、旅游开放度均低于 10%，且山东省入境旅游主要客源地为港澳台，依据实际作用将其看作正向指标进行测度。

5. 共享是实现经济高质量发展的根本目的。本文从与人民群众密切相关的生活水平、公共服务、社会保障三个维度选取收入分配、交通、就业、医疗、文化等相关指标测算经济高质量发展共享度。生活水平用人均可支配收入和城镇登记失业率衡量。公共交通平均客运量、每千人口卫生技术人员数、人均公共图书馆藏书量表征公共服务状况。社会保障和就业支出占地方财政支出比重、基本社会保险覆盖率衡量社会保障水平。

二、山东省经济高质量发展水平演变

本文利用综合评价法探讨山东省 2006—2018 年经济高质量

发展水平演变。数据主要来源于2007—2019年《山东统计年鉴》、2007—2019年各市统计年鉴、年鉴和统计公报、2002—2018年《中国城市统计年鉴》等，部分缺失数据用平均值法补足。采用单位GDP能耗的转化公式估算各城市能源消耗的碳排放量，再结合碳排放系数（2.54CO_2/tce）估算能源消耗的碳排放总量。

（一）山东省经济高质量发展水平演变的特点

1. 经济高质量发展水平呈上升趋势，近年来平稳提高

2006—2018年，山东省经济高质量发展整体上表现为上升趋势，由2006年的0.261增长至2018年的0.418，平均增长率为5.02%。山东省经济高质量发展经历缓慢发展—加速发展—减速发展3个阶段，呈现“S”形发展轨迹。2006—2008年，处于缓慢发展阶段，受全球经济危机影响，在2008年有所波动，增长幅度为0.032；2009—2012年，处于快速发展阶段，综合指数由0.091上升至0.110；2013—2018年处于减速发展阶段，增长速度有所减缓（见图1）。

2. 各城市经济高质量发展水平有所提高，存在城市差异

13年间，各城市经济高质量发展水平均有明显提高，其中，经济高质量发展水平增长幅度最大的城市是济南和潍坊，其综合水平提高0.28和0.21，菏泽的经济高质量发展水平增长幅度最小，仅为0.11。城市间经济高质量发展的差距在波动中呈扩大趋势，2006年，山东省经济高质量发展水平最高的城市为青岛，其经济高质量发展评价值比最低水平的菏泽高0.41；2018年，经济高质量发展水平极值差为0.42。由于各城市的经

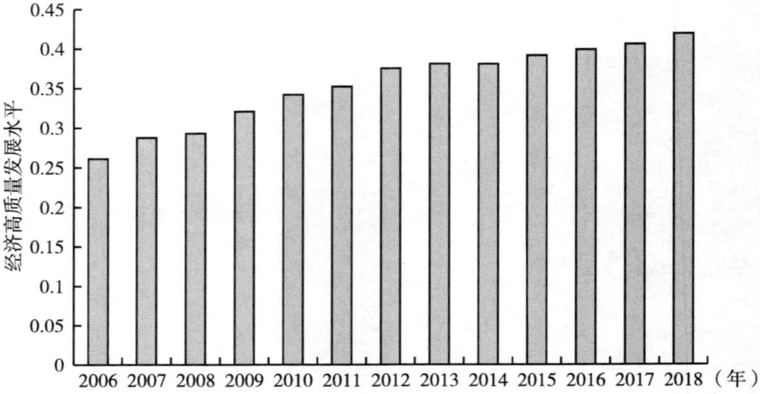

图1　2006—2018年山东省经济高质量发展状况图

济发展基础、发展战略等差异导致各城市经济高质量发展存在差距，山东省东部地区经济高质量发展水平增长速度快于西部地区（见表2）。

表2　2006—2018年山东省经济高质量发展综合水平及排名

城市	2006年	2010年	2014年	2018年
济南	0.319（4）	0.438（4）	0.509（3）	0.606（2）
青岛	0.560（1）	0.526（1）	0.595（1）	0.697（1）
淄博	0.266（6）	0.399（5）	0.402（7）	0.465（5）
枣庄	0.181（14）	0.247（14）	0.283（14）	0.314（15）
东营	0.298（5）	0.361（6）	0.422（5）	0.450（6）
烟台	0.385（3）	0.461（3）	0.500（4）	0.544（4）
潍坊	0.241（9）	0.358（7）	0.418（6）	0.447（7）
济宁	0.241（8）	0.326（9）	0.336（11）	0.364（10）
泰安	0.246（7）	0.357（8）	0.379（8）	0.396（8）
威海	0.437（2）	0.495（2）	0.512（2）	0.568（3）
日照	0.208（11）	0.307（10）	0.342（9）	0.366（9）

续表

城市	2006 年	2010 年	2014 年	2018 年
莱芜	0.195（12）	0.302（11）	0.327（13）	0.334（12）
临沂	0.207（10）	0.295（12）	0.322（14）	0.338（11）
德州	0.153（16）	0.226（16）	0.279（15）	0.331（13）
聊城	0.167（15）	0.237（15）	0.264（16）	0.306（16）
滨州	0.187（13）	0.271（13）	0.331（12）	0.319（14）
菏泽	0.150（17）	0.214（17）	0.257（17）	0.282（17）

注：（）中的数字是城市该年的经济高质量发展综合水平排名。

3. 经济高质量发展基础和增长幅度不同

根据山东省各城市经济高质量发展初始水平和增长幅度，将城市分为四种类型：

（1）高水平低增长城市，主要为青岛和威海。青岛和威海的经济高质量发展水平在山东省一直居于前两名，但增长幅度仅为 0.14 和 0.13，增长幅度小于其他城市。

（2）高水平高增长城市，主要为济南和淄博。济南的经济高质量发展水平增长幅度居于山东省第 1 名，为 0.29，由第 4 名跃居第 2 名。淄博的经济高质量发展水平增长幅度仅次于济南，排名有所提升。

（3）低水平高增长城市，主要为德州和日照。德州经济高质量发展基础薄弱，2006—2018 年排名一直位于山东省低端，但其经济高质量发展水平增长幅度较大，由 2006 年的 0.15 增至 2018 年的 0.33。日照在 2006—2018 年经济高质量发展水平增长幅度较大，经济高质量发展水平排名由第 11 名升至第 9 名。

（4）低水平低增长城市，主要为滨州和济宁。滨州和济宁经济高质量发展水平一直位于山东省中等偏下位置，增长幅度较小。

（二）山东省经济高质量发展子系统水平演变

1. 创新、协调、绿色、共享发展子系统水平提升，创新发展子系统水平上升幅度最大

根据不同时期山东省各城市的经济高质量发展系统层各指标值的平均数，得到山东省每个时期的创新、协调、绿色、开放和共享发展五大子系统水平（见表3、图2）。

表3　2006—2018年山东省经济高质量发展各子系统水平

年份	创新	协调	绿色	开放	共享
2006	0.029	0.048	0.072	0.052	0.061
2010	0.067	0.051	0.080	0.044	0.100
2014	0.087	0.059	0.084	0.036	0.115
2018	0.106	0.065	0.087	0.035	0.125

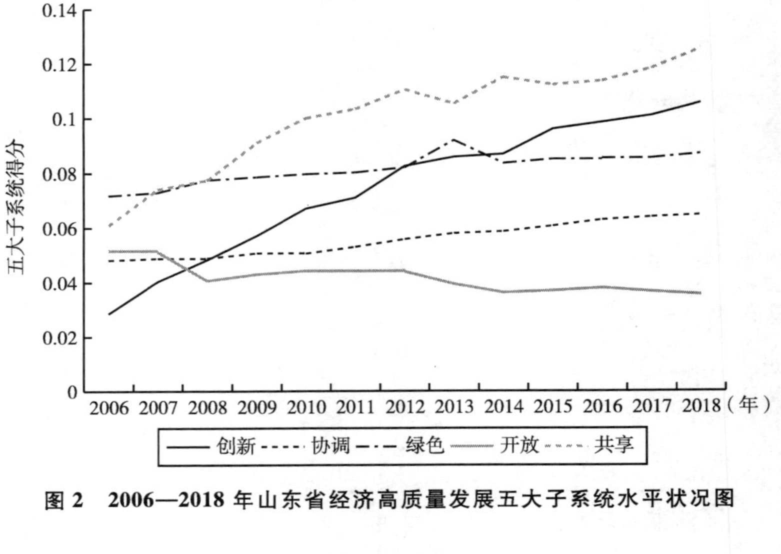

图2　2006—2018年山东省经济高质量发展五大子系统水平状况图

五大子系统中，创新发展子系统水平提升幅度最大，2006—2018年由0.029上升至0.106，年均增长率为0.64%，排名由第5名上升至第2名，表明山东省重视创新发展，加大科教支出与R&D经费支出比重，以创新提升经济高质量发展水平。共享发展水平由第2名升至第1名。协调与绿色发展子系统水平缓慢增长，绿色发展子系统水平增长幅度仅为0.015，远低于创新、共享与协调发展子系统水平增长幅度。

2. 共享发展水平最高，协调、开放发展子系统水平有待提高

共享发展水平对山东省经济高质量发展贡献最大，说明山东省注重经济发展成果惠及人民。人均可支配收入逐年增多，登记失业率有所下降，基本社会保险覆盖范围扩大，但公共交通等公共服务设施仍待完善。从协调发展水平看，2006—2018年，山东省经济协调发展水平略有提升。山东省平均城乡收入水平差异在2006—2018年一直维持在2.2—2.6，有缩小的趋势。城乡恩格尔系数差距在波动中下降，居民消费水平差距有所缩小。截至2018年，仅有青岛和济南两个城市的第三产业增加值占比在50%—60%，其他城市的产业结构调整有待加强。经济波动率在2018年达到最大值，亟须提高山东省经济增长稳定性。从开放发展水平看，山东省开放发展水平有所下降，主要原因在于山东省利用外资水平不高与对外旅游竞争力不强。

3. 城市之间创新、开放发展子系统水平差距大，协调、绿色发展子系统水平差距小

城市间创新发展子系统水平差距明显，2006—2018年城市间差距逐渐扩大，极值差由0.07扩大到0.19，呈现非均衡态势。

2006 年，青岛的创新发展水平最高，日照的创新发展水平仅为 0.005。2010—2014 年，各城市创新发展水平有所提高，青岛、济南和威海的创新发展水平均达到 0.12 以上，提升速度较快。2018 年，除东营创新发展水平有所下降、菏泽创新发展水平基本保持稳定外，其他城市创新发展水平均有提高。城市间开放发展子系统水平差距有所降低，但各城市开放发展水平差距仍较大。2006 年，青岛开放发展水平最高，达到 0.223，但却有 14 个城市开放发展水平低于 0.1，城市开放发展极不平衡，极值差为 0.197。2010 年，由于经济危机滞后性，多数城市开放发展水平呈现不同程度的回落，城市极值差缩小到 0.095。2014 年，城市开放发展水平极值差持续降低。相较 2014 年，2018 年，青岛、烟台、威海和淄博的开放发展水平呈上升态势，多数城市发展动力不足。

城市间协调发展子系统水平差距逐渐缩小。2006 年，城市间发展不均衡，青岛协调发展水平最高，为 0.077，菏泽和临沂协调发展水平较低。2010—2014 年，差距有所减小，协调发展水平提高。青岛和东营是协调发展水平最高的城市，评价值超过 0.08；济南、淄博、威海和烟台在第二梯队，评价值在 0.06—0.07，临沂是协调发展水平最低的城市。2018 年，11 个城市协调发展水平达到 0.06，德州、临沂的协调发展水平提高较快。

城市间绿色发展子系统协调发展态势明显。2006 年，威海、临沂、青岛、济南和烟台绿色发展水平超过 0.83，莱芜是绿色发展水平最低的城市。2010—2014 年，威海的绿色发展水平达 0.9，除日照、滨州、淄博和莱芜绿色发展水平位于 0.8 以下，多数城市绿色发展水平位于 0.8—0.9。2018 年，聊城绿色发展水平最高，莱芜绿色发展水平最低。除滨州绿色发展水平下降外，其他城市绿色发展水平均有所上升，莱芜是绿色发展水平提升幅度最大的城市（见图3）。

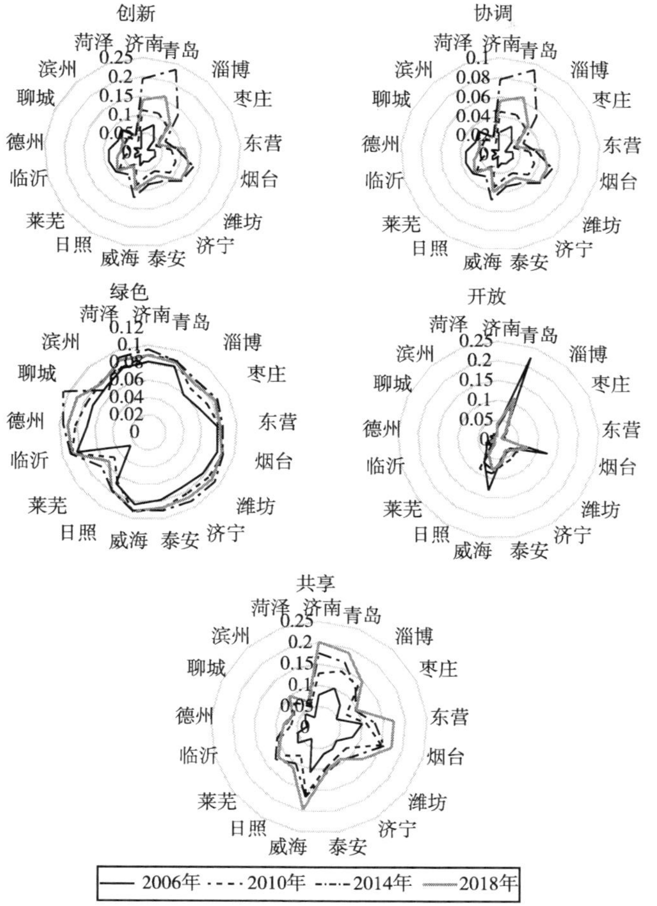

图3　2006—2018年山东省各城市经济高质量发展五大子系统水平状况图

（三）山东省经济高质量发展子系统协调度演变

利用系统协调度模型对山东省经济高质量发展系统间协调状况进行测度（见图4）。2006—2018年，山东省经济高质量发展协调度有所增加，但多数城市呈先增后减的趋势。日照五大子系统协调度增长幅度最大，由0.38上升至0.66；济南下降幅度最大，由0.72下降至0.45，各个子系统发展不均衡。

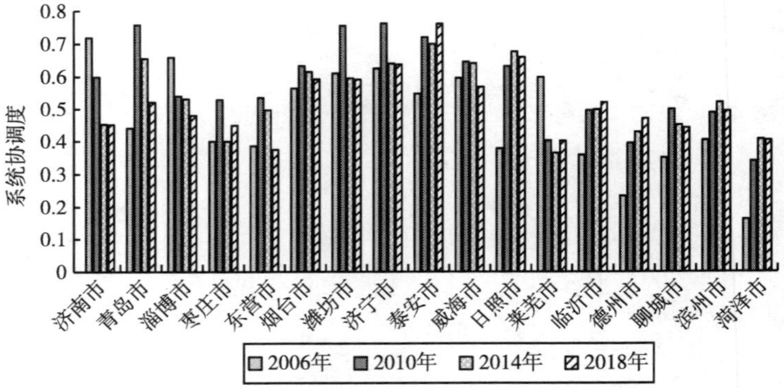

图4　2006—2018年山东省经济高质量发展子系统协调度图

2006年，济南经济高质量发展五大子系统协调度最高，达到0.7，为中度协调水平，中度协调水平以上的城市为济南、淄博、潍坊和济宁。菏泽为协调度最低的城市，仅为0.16，严重失调的城市达9个。2011年，各城市协调度显著提升，具体表现为青岛、潍坊、济宁和泰安协调度达到0.7，其中青岛、济宁和潍坊为较协调城市，莱芜、德州和菏泽为严重失调城市。2014年，各城市协调度有所下降，五大子系统发展不均衡，多数城市为较协调城市，枣庄、德州和菏泽为严重失调城市。2018年，部分城市协调度有所上升，如泰安、枣庄、莱芜、临沂等；泰安的协调度最高，为0.76，达到较协调水平。总体看，山东省经济高质量发展五大子系统严重失调城市由9个缩减为4个，较失调城市由4个增至10个，中度协调城市由3个缩减为2个，协调度整体有所提升，逐步由“金字塔”型向“橄榄型”过渡。

三、山东省经济高质量发展空间分异特征

（一）整体空间分异特征

选取2006年、2010年、2014年和2018年四个时间节点，利用ArcGIS10.2软件对山东省各城市的经济高质量发展及五大子系统水平做分级空间分布图。

根据经济高质量发展评价值，将山东省经济高质量发展水平分为四个等级：低水平（0.00—0.20）、中低水平（0.20—0.35）、中高水平（0.35—0.5）和高水平（0.5以上）四个等级。根据山东省经济高质量发展空间分异格局图进行分析。2006—2018年，山东省经济高质量发展水平呈现明显的区域差异，经济高质量发展高水平城市较少，大部分城市为中高水平和中低水平城市。各城市经济高质量发展水平逐步向中高水平和高水平迈进。具体看：山东省经济高质量发展区域差异明显，形成点轴布局模式，经济高质量发展水平相近的城市呈现“大连片、小散落”的集聚态势。2006年，经济高质量发展水平呈现东—中—西梯度性空间分异。青岛为山东省唯一一个经济高质量发展高水平城市，烟台和威海次之，为中高水平城市，济南、淄博、东营等8个城市为中低水平城市，菏泽、聊城、滨州等6个城市为

低水平城市。2010 年，经济高质量发展主要呈现北高南低空间格局。青岛为经济高质量发展高水平城市，经济高质量发展低水平城市已发展为较高水平城市，济南、泰安、淄博、东营和潍坊经济高质量发展由中低水平上升为中高水平，济宁、临沂和日照经济高质量发展水平仍然为中低水平。2014 年，经济高质量发展呈现多极化趋势。除青岛外，济南、烟台和威海的经济高质量发展水平由中高水平上升为高水平，其他城市保持中高、中低水平稳定发展。2018 年，经济高质量发展水平提升，青岛、济南为经济高质量发展水平最高城市。青岛、济南、威海和烟台经济高质量发展水平仍然为高水平，除淄博、东营、潍坊和泰安外，日照和济宁经济高质量发展水平由中低水平上升为中高水平。2006—2018 年，山东省经济高质量发展呈现东高西低、北高南低空间格局。

（二）五大子系统水平空间分异特征

1. 创新发展子系统水平空间分异特征

根据创新发展子系统综合得分，将其分为低水平（0—0.05）、中低水平（0.05—0.09）、中高水平（0.09—0.13）、高水平（0.13以上）四个等级，利用 ArcGIS10.2 软件进行可视化。根据山东省创新发展子系统水平空间分异格局图进行分析。山东省创新发展水平在空间上表现如下特征：济南、青岛辐射带动作用增强，逐渐形成双核心空间格局。2006 年，仅有青岛和济南为中低创新发展水平城市，其余城市均为低创新发展水平城市。2010 年，各城市创新发展水平均有所提升，济南、青岛和淄博创新发展水平上升为中高水平，烟台、威海等 8 城市为中低创新发展水平城市。2014年，济南、青岛为高创新发展水平城市，低创新发展水平城市由5个缩减为3个。2018年，高创新发展水平城市为济南、青岛、淄博和烟台，与沿海轴线和胶济轴线相重合，形成点轴布局结构。

2. 协调发展子系统水平空间分异特征

根据协调发展子系统综合得分，将其分为低水平（0—0.03）、中低水平（0.03—0.05）、中高水平（0.05—0.07）、高水平（0.07以上）四个等级。根据山东省协调发展子系统水平空间分异格局图进行分析。2006年，高协调发展水平与低协调发展水平的城市呈点状分布，中低协调发展水平城市呈面状分布，高协调发展水平城市枢纽带动作用不强。2018年，高协调发展水平城市呈面状，低协调发展水平城市——临沂和菏泽呈点状分布。

3. 绿色发展子系统水平空间分异特征

根据绿色发展子系统综合得分，将其分为低水平（0—0.04）、中低水平（0.04—0.07）、中高水平（0.07—0.09）、高水平（0.09以上）四个等级。根据山东省绿色发展子系统水平空间分异格局图进行分析。山东省绿色发展子系统区域差距较小。具体看，2006年，山东省处于中高、中低绿色发展水平阶段。2010年，威海成为唯一一个高绿色发展水平城市，多数城市为中高绿色发展水平城市。2014年，德州由中高绿色发展水平上升为高绿色发展水平，仅有莱芜处于中低绿色发展水平阶段、呈点状分布。2018年，山东省高绿色发展水平城市呈面状分布，中高绿色发展水平城市呈块状分布。

4. 开放发展子系统水平空间分异特征

根据开放发展子系统综合得分，将其分为低水平（0—0.03）、中低水平（0.03—0.06）、中高水平（0.06—0.09）、高水平（0.09以上）四个等级（见图9）。根据山东省开放发展子系统水平空间分异格局图进行分析。山东省开放发展格局东高西低，区域差距较大。高水平与中高水平城市呈块状聚集在山东省东部沿海地区，青岛核心地位凸显。济南、泰安、济宁比中西部其他城市开放发展水平高。近年来，受国际环境影响，山东省各城市开放发展水平有所下降。

5. 共享发展子系统水平空间分异特征

根据共享发展子系统综合得分，将其分为低水平（0—0.08）、中低水平（0.08—0.12）、中高水平（0.12—0.16）、高水平（0.16以上）四个等级。根据山东省共享发展子系统水平空间分异格局图进行分析。山东省共享发展水平块状分布明显。2006年，山东省各城市共享发展处于中低、低水平阶段。2010年，青岛、烟台、威海、济南和淄博处于中高水平共享发展阶段，东营等5个城市共享发展由低水平上升为中低水平。2014年，共享发展高水平城市呈点状分布。2018年，共享发展水平提升，聊城和菏泽是仅有的共享发展处于低水平阶段的城市，表现为共享发展中高水平城市占多数，且在空间上表现为块状分布。

四、山东省经济高质量发展空间关联分析

为直观地反映山东省城市之间经济高质量发展联系，根据修正后的引力模型测算山东省两两城市经济高质量发展联系强

度，并借助 ArcGIS10.2 软件对计算结果进行空间可视化处理。在可视化过程中，由于联系强度值全距较大，低值（引力强度小于 10）表示经济高质量发展空间联系非常弱，因而在可视化过程中不予显示。

根据山东省经济高质量发展空间关联格局图进行分析。2006—2018 年，山东省经济高质量发展空间关联强度有所提升，逐步形成东西走向、南北延伸的空间关联格局。

2006 年，15 对城市具有经济高质量发展联系，但多数属于弱引力与中等引力，边缘城市联系强度弱。城市之间联系结构多因地理邻近性产生。2010 年，经济高质量发展联系强度增强，中等引力强度联系的城市有 5 对，较强引力强度联系的城市有 3 对。中部地区的济南与泰安、德州、淄博联系越发紧密，东部沿海地区的青岛、烟台与威海三角形关联网络进一步加强。潍坊是沿海与内陆城市空间关联的“桥梁”，其他城市多为空间联系网络中的边缘城市。枣庄融入以济南为中心的中部网络，日照、临沂与青岛建立弱联系，网络向南部延伸。边缘城市受核心城市影响，倾向加入已有网络结构。2014 年，山东省具有经济高质量发展联系的城市增至 24 对，城市经济高质量发展联系强度不断增强，济南—泰安已达到强引力联系，烟台—威海、济南—淄博为较强引力联系，8 对城市为一般引力联系。区域经济高质量发展联系网络逐渐形成，东营—淄博、德州—淄博等建立联系，网络向北部延伸。在泰安、济南、淄博、潍坊、青岛、烟台与威海保持原有空间格局下，增加泰安—淄博、济南—青岛、潍坊—烟台 3 对联系，形成一条较为明显的中心轴，中心轴上的城市对邻近城市经济高质量发展具有辐射带动作用。2018 年，山东省经济高质量发展空间关联更加紧密，形成济南—泰安、烟台—威海、济南—淄博强引力联系，经济发达地区多出现集聚效应。南北网络更加密集，滨州—淄博、济南—临沂、烟台—济南等建立初步联系，共形成 27 对有联系的城市，淄博—潍坊、济南—德州上升为较强引力联系，9 对城市有一般引力联系，但西部地区未融入已有网络结构，经济高质量发展水平低的城市分布在远离核心区的边缘地带，在网络中处于劣势地位。山东省经济高质量发展空间关联存在边缘化特征与俱乐部现象，形成沿京沪线、胶济线和沿海轴线分布的空间格局。

13 年间，济南—泰安、烟台—威海、济南—淄博为山东省经济高质量发展关联最为紧密的城市对，形成东部青烟威“三角形”网络，中部以济南为中心“抱团状”发展。根据断裂点公式计算主要城市距断裂点距离，分析经济高质量发展联系方向（见图 5）。与德州相比，济南距断裂点距离由 2006 年的 74. 43 千米缩短为 72. 48 千米，大于德州离断裂点的距离。在济南—淄博线中，济南距断裂点距离由 50. 71 千米扩大为 51. 71 千米，淄博距断裂点距离由 46. 29 千米缩短为 45. 29 千米。在济南—泰安线中，济南距断裂点由 39. 94 千米扩大为 41. 48 千米，大于泰安距断裂点的距离。在三线中，济南发挥作用较大，联系方向为济南→淄博、济南→泰安、济南→德州。与烟台相比，青岛距断裂点的距离由 119. 73 千米缩短为 116. 26 千米，烟台由 99. 27 千米扩大为 102. 74 千米，经济高质量发展联系方向为青岛→烟台。在烟台—

威海线中，2018 年，两地距断裂点距离分别为 32.66 千米、33.34 千米，相差不大，总体联系方向为烟台→威海。胶济线和沿海轴线上的经济高质量发展联系强度较大。

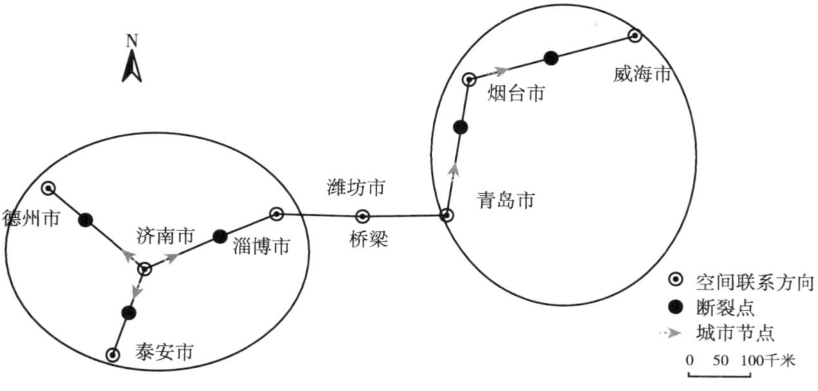

图 5 2018 年山东省经济高质量发展空间关联断裂点分布图

主要参考文献

［1］崔蓉，费锦华，孙亚男．中国省际绿色创新生产率的变动及其空间溢出效应研究［J］．宏观经济研究，2019（6）：132－145．

［2］梁文群，秦天如，梁鹏．中国区域绿色低碳创新效率的分类测度与比较［J］．干旱区资源与环境，2019（11）：9－16．

［3］黄晓杏，余达锦，刘亦晴．区域绿色创新系统成熟度指标体系的构建与评价［J］．统计与决策，2019（21）：45－49．

［4］滕堂伟，瞿丛艺，胡森林，等．长三角城市群绿色创新效率格局分异及空间关联特征［J］．华东师范大学学报（哲学社会科学版），2019（5）：107－116．

［5］刘海滨，牛秀红，周佳宁．中国区域绿色创新系统内部耦合协调分析［J］．技术经济与管理研究，2018（6）：34－38．

［6］吴旭晓．中国区域绿色创新效率演进轨迹及形成机理研究［J］．科技进步与对策，2019（23）：1－8．

［7］肖黎明，张仙鹏．强可持续理念下绿色创新效率与生

态福利绩效耦合协调的时空特征［J］．自然资源学报，2019（2）：312－324.

［8］孙丽文，陈继林．基于经济—环境—社会协调发展的绿色创新绩效评价——以环渤海经济带为例［J］．科技管理研究，2018（8）：87－93.

［9］游达明，宋姿庆．政府规制对产学研生态技术合作创新及扩散的影响研究［J］．软科学，2018（1）：1－5.

［10］刘婕．山东半岛城市群绿色经济空间格局评价和优化研究［D］．山东师范大学，2020.

［11］杨树旺，吴婷．城市绿色创新发展协调度的时空差异研究——以湖北省12个地级市为例［J］．湖北社会科学，2017（9）：60－65.

［12］方创琳，宋吉涛，蔺雪芹，等．中国城市群可持续发展理论与实践［M］．北京：科学出版社，2010.

［13］盖文启．创新网络——区域经济发展新思维［M］．北京：北京大学出版社，2002.

［14］中国科学院可持续发展战略研究组．2010中国可持续发展战略研究报告——绿色发展与创新［M］．北京：科学出版社，2010.

［15］贾根良，等．西方异端经济学主要流派研究［M］．北京：中国人民大学出版社，2010.

［16］慈福义，杨丽．循环经济学再认识及其在区域创新、规划中的应用［J］．商业时代，2008（7）：98－99.

［17］王丽萍．发达国家环境技术创新的政策体系评析

[J]. 现代经济探讨, 2013 (4): 89-92.

[18] 邓翔, 瞿小松, 路征. 欧盟生态创新政策及对我国的经验启示 [J]. 甘肃社会科学, 2014 (1): 194-198.

[19] 刘奇中. 循环经济的技术创新体系研究 [J]. 学术界, 2013 (8): 101-113.

[20] 伍春来, 赵剑波, 王以华. 产业技术创新生态体系研究评述 [J]. 科学学与科学技术管理, 2013 (7): 113-119.

[21] 张钢, 张小军. 绿色创新研究的几个基本问题 [J]. 中国科技论坛, 2013 (4): 12-15.

[22] 聂洪光. 生态创新理论研究现状与前景展望 [J]. 哈尔滨工业大学学报 (社会科学版), 2012 (3): 126-132.

[23] 陆小成. 区域低碳创新系统空间布局研究: 以武汉城市圈为例 [J]. 科技进步与对策, 2012 (2): 45-49.

[24] 张钢, 张小军. 国外绿色创新研究脉络梳理与展望 [J]. 外国经济与管理, 2011 (8): 25-32.

[25] 杨燕, 邵云飞. 生态创新研究进展及展望 [J]. 科学学与科学技术管理, 2011 (8): 107-116.

[26] 李守信. 以自主创新促进区域经济发展方式转变研究 [M]. 北京: 经济科学出版社, 2011.

[27] 陈红梅. 基于低碳经济的区域创新系统研究 [D]. 中国矿业大学 (北京), 2013.

[28] Philip Cooke. Transversality and Transition: Green Innovation and New Regional Path Creation [J]. Uropean Planning Studies, 2012 (5): 817-834.

［29］王仁文．基于绿色经济的区域创新生态系统研究［D］．中国科学技术大学，2014.

［30］张静，周魏．绿色创新研究进展综述［J］．科技管理研究，2015（8）：232－237.

［31］李旭．绿色创新相关研究的梳理与展望［J］．研究与发展管理，2015（2）：1－9.

［32］王淑英，李博博，张水娟．基于空间计量的环境规制、空间溢出与绿色创新研究［J］．地域研究与开发，2018（2）：138－144.

［33］付帼，卢小丽，武春友．中国省域绿色创新空间格局演化研究［J］．中国软科学，2016（7）：89－99.

［34］陆小成．区域低碳创新系统综合评价与政策研究［M］．北京：中国书籍出版社，2012.

［35］周天勇，旷建伟，潘悦，等．中国城市创新报告（2013）［M］．北京：社会科学文献出版社，2013.

［36］姜照华，等．区域创新与生态效率革命［M］．北京：科学出版社，2012.

［37］姜东明．基于循环经济的区域创新体系研究［D］．中国海洋大学，2008.

［38］华振．东北地区建设区域绿色创新体系的研究［D］．哈尔滨商业大学，2012.

［39］廖中举，黄超．国外生态创新的最新研究进展与述评［J］．应用生态学报，2017（12）：4150－4156.

［40］杨朝均，呼若青，杨红娟．中国绿色创新研究热点及其

演进路径的可视化分析［J］．情报杂志，2016（8）：139－144.

［41］刘亮，蒋伏心，王钺．产业集聚对绿色创新的影响［J］．科技管理研究，2017（6）：235－242.

［42］广义循环经济课题组．广义循环经济论［M］．北京：人民出版社，2007.

［43］曾刚，王秋玉，曹贤忠．创新经济地理研究述评与展望［J］．经济地理，2018（4）：19－25.

［44］方创琳，刘毅，林跃然，等．中国创新型城市发展报告［M］．北京：科学出版社，2013.

［45］李素峰．矿产资源密集型区域生态创新影响因素及协同机制研究［D］．中国地质大学，2016.

［46］霍明连，李知渊，王新澄．区域低碳创新系统自组织演化过程研究［J］．科技与管理，2016（7）：42－47.

［47］李虹，张希源．区域生态创新协同度及其影响因素研究［J］．中国人口·资源与环境，2016（6）：43－49.

［48］甘志霞，白雪，冯钰文．基于区域低碳创新系统功能分析框架的京津冀低碳创新协同发展思路［J］．环境保护，2016（8）：57－60.

［49］李广培，苏媛．2011—2015年国内绿色创新领域研究进展回顾——基于CSSCI的文献分析［J］．物流工程与管理，2016（12）：143－146.

［50］徐维祥，杨蕾，杨沛舟，等．泛长三角生态创新的时空格局演变及形成机制［J］．浙江工业大学学报（社会科学版），2017（2）：147－154.

[51] 谢伟伟，邓宏兵，刘欢．绿色发展视角下长三角城市群城市创新网络结构特征研究［J］．科技进步与对策，2017（17）：52－59.

[52] 殷群，程月．我国绿色创新效率区域差异性及成因研究［J］．江苏社会科学，2016（2）：64－69.

[53] 张逸昕，林秀梅．中国省际绿色创新效率与系统协调度双演化研究［J］．当代经济研究，2015（3）：51－56.

[54] 李金滟，李泽宇，李超．城市绿色创新效率实证研究——来自长江中游城市群的证据［J］．江西财经大学学报，2016（6）：3－15.

[55] 吴美琴，肖慧，樊晓宏，等．区域绿色创新三阶段效率研究——基于 NSBM 模型的分析［J］．山西大学学报（哲学社会科学版），2016（6）：79－85.

[56] 游宇东，张贵平．我国包容性绿色创新能力时空格局演化［J］．福建商学院学报，2017（4）：29－34.

[57] 邵希，邢小强，仝允桓．包容性区域创新体系研究［J］．中国人口·资源与环境，2011（6）：24－30.

[58] 于喜展，隋映辉．基于城市创新的产业集群生态：系统关联对接与结构演化［J］．科技进步与对策，2011（1）：56－60.

[59] 易伟义，余博．以资源节约为导向的区域创新系统重构研究［J］．科技进步与对策，2011（14）：35－38.

[60] 任家华．基于低碳经济理念的产业集群生态创新研究［J］．科技管理研究，2010（23）：184－187.

[61] 龙如银，董秀荣．面向循环经济的资源型城市技术创

新的路径选择［J］. 能源技术与管理，2007（5）：35－39.

［62］李飞虎，李瑛. 广义循环经济视阈下城市发展的绿色创新研究［J］. 科技管理研究，2013（5）：14－16.

［63］孙红兵，向刚，赵泽宽，等. 城市持续创新：理论研究基础、定义、特征及基本途径［J］. 经济问题探索，2006（8）：44－47.

［64］戴鸿轶，柳卸林. 对环境创新研究的一些评论［J］. 科学学研究，2009（11）：1601－1609.

［65］丁堃. 论绿色创新系统的结构和功能［J］. 科技进步与对策，2009（8）：116－119.

［66］周瑜. 资源型城市循环经济创新动力机制研究［J］. 管理现代化，2012（2）：15－17.

［67］范群林，邵云飞，唐小我. 中国30个地区环境技术创新能力分类特征［J］. 中国人口·资源与环境，2011（6）：31－36.

［68］程华，廖中举. 中国区域环境创新绩效评价与研究［J］. 中国环境科学，2011（3）：522－528.

［69］韩晶. 中国区域绿色创新效率研究［J］. 财经问题研究，2012（11）：130－137.

［70］潘雄锋，马运来. 城市创新生态评价研究［J］. 大连理工大学学报（社会科学版），2011（2）：7－11.

［71］慈福义. 资源环境约束下城市循环型创新系统评价——以济南市为例［J］. 企业经济，2016（2）：5－9.

［72］慈福义. 区域循环型创新系统的形成机制、结构与优

化对策研究［J］. 现代经济探讨，2016（7）：5－8.

［73］高鹤，杜兴翠．区域低碳创新系统的架构及协同机制［J］. 中国人口·资源与环境，2016（11）：1－4.

［74］高霞．包容性创新研究进展［J］. 科技进步与对策，2013（8）：157－160.

［75］江小涓，孟丽君．内循环为主、外循环赋能与更高水平双循环——国际经验与中国实践［J］. 管理世界，2021（1）：1－18.

［76］周力，沈坤荣．国家级城市群建设对绿色创新的影响［J］. 中国人口·资源与环境，2020（8）：92－99.

［77］慈福义．城市与区域循环经济发展研究［M］. 北京：中国经济出版社，2010.

［78］LIU Yunqiang，SHAO Xiaoyu，TANG Manping，et al. Spatio－temporal Evolution of Green Innovation Network and Its Multidimensional Proximity Analysis：Empirical Evidence from China［J］. Journal of Cleaner Production，2021，283（2）.

［79］CHEN Shen，LI Shenglan，WANG Xiaopeng et al. The Effect of Environmental Policy Tools on Regional Green Innovation：Evidence from China［J］. Journal of Cleaner Production，2020，254（5）.

［80］DU Kerui，LI Pengzhen，YAN Zheming. Do Green Technology Innovations Contribute to Carbon Dioxide Emission Reduction? Empirical Evidence from Patent Data［J］. Technological Forecasting & Social Change，2019，146（9）：297－303.

[81] 郑红霞，王毅，黄宝荣．绿色发展评价指标体系研究综述 [J]．工业技术经济，2013，33 (2)：142 – 152.

[82] 赵彦云，林寅，陈昊．发达国家建立绿色经济发展测度体系的经验及借鉴 [J]．经济纵横，2011 (1)：34 – 37.

[83] 张敏．欧盟绿色经济的创新化发展路径及前瞻性研究 [J]．欧洲研究，2015，33 (6)：97 – 113.

[84] 佘泳泽，杨晓章，张少辉．中国经济由高速增长向高质量发展的时空转换特征研究 [J]．数量经济技术经济研究，2019，36 (6)：3 – 21.

[85] 陆大道．区域发展及其空间结构 [M]．北京：科学出版社，1995.

[86] 陆玉麒．双核型空间结构模式的探讨 [J]．地域研究与开发，1998 (4)：45 – 49.

[87] 慕晓飞，雷磊．东北经济重心演变及区域发展均衡性研究 [J]．经济地理，2011，31 (3)：366 – 370.

[88] 向云波，徐长乐，彭秀芬．长江三角洲城市群循环经济发展水平的空间格局分析 [J]．长江流域资源与环境，2008 (5)：661 – 666.

[89] 杨雪梅，石培基，潘竟虎，等．甘肃省城市经济低碳度综合评价及其空间差异分析 [J]．水土保持研究，2011，18 (5)：52 – 58.

[90] 李沙浪，雷明．基于 TOPSIS 的省级低碳经济发展评价及其空间面板计量分析 [J]．中国管理科学，2014，22 (S1)：741 – 748.

[91] 郭永杰，米文宝，赵莹．宁夏县域绿色发展水平空间分异及影响因素 [J]. 经济地理，2015，35 (3)：45-51.

[92] 黄杰，贾登勋．中国低碳经济发展的空间非均衡及动态演进 [J]. 统计与信息论坛，2015，30 (3)：57-64.

[93] 慈福义，孙黎娟，陈慧义．区域循环经济发展模式与战略重点研究 [J]. 商业研究，2010 (2)：107-111.

[94] 代合治．山东省区域经济空间结构研究 [J]. 地域研究与开发，2001 (3)：43-46.

[95] 刘玉，潘瑜春，陈秧分．山东省县域经济发展的时空动态研究 [J]. 经济地理，2012，32 (5)：43-48.

[96] 肖汝琴，陈东景．山东半岛蓝色经济区城市群空间联系定量研究 [J]. 经济地理，2014，34 (8)：75-80.

[97] 刘宪圣，吕晓，王国祥．山东省绿色经济发展的空间聚类分析 [J]. 曲阜师范大学学报（自然科学版），2014，40 (4)：84-90.

[98] 谢永琴．城市可持续发展的空间结构分析 [J]. 地域研究与开发，2002 (1)：31-34.

[99] 慈福义，陈烈．循环经济模式的区域思考 [J]. 地理科学，2006 (3)：273-276.

[100] 慈福义．基于循环经济的区域新型工业化产业结构与布局问题探讨 [J]. 特区经济，2006 (4)：28-30.

[101] 慈福义．都市圈循环型工业发展研究——以济南都市圈为例 [J]. 工业技术经济，2010，29 (5)：27-30.

[102] 张欢，罗畅，成金华，等．湖北省绿色发展水平测

度及其空间关系 [J]. 经济地理，2016，36 (9)：158 - 165.

[103] 郝汉舟，汤进华，翟文侠，等. 湖北省绿色发展指数空间格局及诊断分析 [J]. 世界地理研究，2017，26 (2)：91 - 100.

[104] 周亮，车磊，周成虎. 中国城市绿色发展效率时空演变特征及影响因素 [J]. 地理学报，2019，74 (10)：2027 - 2044.

[105] 薛珑. 绿色经济发展测度体系的构建 [J]. 统计与决策，2012 (18)：21 - 24.

[106] 曾贤刚，毕瑞亨. 绿色经济发展总体评价与区域差异分析 [J]. 环境科学研究，2014，27 (12)：1564 - 1570.

[107] 朱海玲. 绿色经济评价指标体系的构建 [J]. 统计与决策，2017 (5)：27 - 30.

[108] 李战江，何静，苏金梅. 基于动态修正的绿色经济评价研究 [J]. 科技管理究，2018，38 (12)：73 - 85.

[109] 彭斯震，孙新章. 中国发展绿色经济的主要挑战和战略对策研究 [J]. 中国人口·资源与环境，2014，24 (3)：1 - 4.

[110] 曹东，赵学涛，杨威杉. 中国绿色经济发展和机制政策创新研究 [J]. 中国人口·资源与环境，2012，22 (5)：48 - 54.

[111] 李斌，苏珈漩. 产业结构调整有利于绿色经济发展吗？——基于空间计量模型的实证研究 [J]. 生态经济，2016，32 (6)：32 - 37.

[112] 董晓红，富勇. 绿色金融和绿色经济耦合发展空间动态演变分析 [J]. 工业技术经济，2018，37 (12)：94 - 101.

[113] 谢婷婷，刘锦华. 绿色信贷如何影响中国绿色经济

增长？［J］．中国人口·资源与环境，2019，29（9）：83－90.

［114］方创琳．天山北坡城市群可持续发展战略思路与空间布局［J］．干旱区地理，2019，42（1）：1－11.

［115］于洪俊，宁越敏．城市地理概论［M］．合肥：安徽人民出版社，1983.

［116］宋家泰，崔功豪，张同海．城市总体规划［M］．北京：商务印书馆，1985.

［117］辛本禄，王学娟．新时代东北经济高质量发展的路径演化研究［J］．经济纵横，2019（8）：76－81.

［118］姚士谋．中国城市群［M］．合肥：中国科学技术大学出版社，1992.

［119］顾朝林，赵晓斌．中国区域开发模式的选择［J］．地理研究，1995，14（4）：8－22.

［120］吴传清，李浩．关于中国城市群发展问题的探讨［J］．经济前沿，2003（21）：29－31.

［121］苗长虹．中国城市群发育与中原城市群发展研究［M］．北京：中国社会科学出版社，2007.

［122］戴宾．城市群及其相关概念辨析［J］．财经科学，2004（6）：101－103.

［123］方创琳，王振波，马海涛．中国城市群形成发育规律的理论认知与地理学贡献［J］．地理学报，2018，73（4）：651－665.

［124］皮尔斯，等．绿色经济的蓝图［M］．何晓军，译．北京：北京师范大学出版社，1997.

[125] 安淑新. 促进经济高质量发展的路径研究：一个文献综述 [J]. 当代经济管理，2018，40（9）：11－17.

[126] 曲格平. 中国的环境与发展 [M]. 北京：中国环境科学出版社，1992.

[127] 崔如波. 绿色经济：21 世纪持续经济的主导形态 [J]. 社会科学研究，2002（4）：47－50.

[128] 张春霞. 绿色经济发展研究 [M]. 北京：中国林业出版社，2002.

[129] 周河，徐岭. 我国绿色经济面临的挑战与发展契机 [J]. 人民论坛，2011（8）：110－113.

[130] 何玉长. 节约型社会的经济学研究 [M]. 北京：人民出版社，2009.

[131] 杨运星. 生态经济、循环经济、绿色经济与低碳经济之辨析 [J]. 前沿，2011（8）：94－97.

[132] 诸大建. 绿色经济新理念及中国开展绿色经济研究的思考 [J]. 中国人口·资源与环境，2012，22（5）：40－47.

[133] 郭腾云，徐勇，马国霞，等. 区域经济空间结构理论与方法的回顾 [J]. 地理科学进展，2009，28（1）：111－118.

[134] 覃成林，李敏纳. 区域经济空间分异机制研究——一个理论分析模型及其在黄河流域的应用 [J]. 地理研究，2010，29（10）：1780－1792.

[135] 汪侠，徐晓红. 长江经济带经济高质量发展的时空演变与区域差距 [J]. 经济地理，2020，40（3）：5－15.

[136] 邓楠. 中国的可持续发展与绿色经济——2011 中国

可持续发展论坛主旨报告［J］. 中国人口·资源与环境，2012，22（1）：1－3.

［137］牛文元．中国可持续发展的理论与实践［J］. 中国科学院院刊，2012，27（3）：280－289.

［138］牛文元．可持续发展理论内涵的三元素［J］. 中国科学院院刊，2014，29（4）：410－415.

［139］杨朝远，李培鑫．中国城市群可持续发展研究——基于理念及其评价分析［J］. 重庆大学学报（社会科学版），2018，24（3）：1－12.

［140］姚士谋，李青，武清华，等．我国城市群总体发展趋势与方向初探［J］. 地理研究，2010，29（8）：1345－1354.

［141］孙海燕，王富喜．区域协调发展的理论基础探究［J］. 经济地理，2008，28（6）：928－931.

［142］张志，龚健．国内外城乡协调发展理论与模式研究综述［J］. 资源开发与市场，2014，30（2）：198－201.

［143］赵东明，白雪秋．城乡协调发展的理论基础及启示［J］. 经济纵横，2015（4）：73－76.

［144］李泉．中外城乡关系问题研究综述［J］. 甘肃社会科学，2005（4）：207－212.

［145］厉敏萍，曾光．城市空间结构与区域经济协调发展理论综述［J］. 经济体制改革，2012（6）：53－56.

［146］阳琴，陈国生，蒋欣言，等．湖南省循环经济统计指标体系建立与综合评价研究［J］. 经济研究导刊，2014（19）：242－245.

[147] 范格华，詹环，杜健，等．基于投影寻踪法的机步师联合火力打击目标价值信息评估 [J]．信息系统工程，2013 (11)：127－128.

[148] 李帅，魏虹，倪细炉，等．基于层次分析法和熵权法的宁夏城市人居环境质量评价 [J]．应用生态学报，2014，25 (9)：2700－2708.

[149] 施祖麟，黄治华．基于核密度估计法的中国省区经济增长动态分析 [J]．经济经纬，2009 (4)：60－63.

[150] 葛履龙，董欣．基于 ArcGIS 和 Excel 制作"地理重心"图——以中国人口重心图为例 [J]．地理教学，2018 (14)：56－59.

[151] 赵璐，赵作权，王伟．中国东部沿海地区经济空间格局变化 [J]．经济地理，2014，34 (2)：14－18.

[152] 孙久文，罗标强．基于修正引力模型的京津冀城市经济联系研究 [J]．经济问题探索，2016 (8)：71－75.

[153] 王越，王承云．长三角城市创新联系网络及辐射能力 [J]．经济地理，2018，38 (9)：130－137.

[154] 李陈，靳相木．基于引力模型的中心镇空间联系测度研究——以浙江省金华市 25 个中心镇为例 [J]．地理科学，2016，36 (5)：724－732.

[155] 方创琳，宋吉涛，张蔷，等．中国城市群结构体系的组成与空间分异格局 [J]．地理学报，2005 (5)：827－840.

[156] 方创琳．中国城市群研究取得的重要进展与未来发展方向 [J]．地理学报，2014，69 (8)：1130－1144.

［157］姚士谋，周春山，王德．中国城市群新论［M］．北京：科学出版社，2016.

［158］汪阳红，贾若祥．城市群：走协同共赢之路［M］．北京：人民出版社，2017.

［159］刘宇，吕郢康，周梅芳．投入产出法测算 CO_2 排放量及其影响因素分析［J］．中国人口·资源与环境，2015，25（9）：21－28.

［160］涂华，刘翠杰．标准煤二氧化碳排放的计算［J］．煤质技术，2014（2）：57－60.

［161］刘学良，陈琳．横截面与时间序列的相关异质——再论面板数据模型及其固定效应估计［J］．数量经济技术经济研究，2011，28（12）：96－114.

［162］王利伟，马尧天，欧阳慧．我国城市群低碳化布局的基本特征及影响因素［J］．宏观经济研究，2017（5）：125－133.

［163］潘桔，郑红玲．区域经济高质量发展水平的测度与差异分析［J］．统计与决策，2020，36（23）：102－106.

［164］袁晓玲，李彩娟，李朝鹏．中国经济高质量发展研究现状、困惑与展望［J］．西安交通大学学报（社会科学版），2019，39（6）：30－38.

［165］刘志彪．强化实体经济推动高质量发展［J］．产业经济评论，2018（2）：5－9.

［166］马茹，罗晖，王宏伟，等．中国区域经济高质量发展评价指标体系及测度研究［J］．中国软科学，2019（7）：60－67.

［167］张治河，郭星，易兰．经济高质量发展的创新驱动机制

[J]. 西安交通大学学报（社会科学版），2019，39（6）：39－46.

［168］吕军，陈宝华，姜子玉，等．中国经济高质量发展评价及障碍因素分析［J]. 资源开发与市场，2020，36（2）：149－157.

［169］刘思明，张世瑾，朱惠东．国家创新驱动力测度及其经济高质量发展效应研究［J]. 数量经济技术经济研究，2019，36（4）：3－23.

［170］黄庆华，时培豪，刘晗．区域经济高质量发展测度研究：重庆例证［J]. 重庆社会科学，2019（9）：82－92.

［171］方大春，马为彪．中国省际高质量发展的测度及时空特征［J]. 区域经济评论，2019（2）：61－70.

［172］魏敏，李书昊．新时代中国经济高质量发展水平的测度研究［J]. 数量经济技术经济研究，2018，35（11）：3－20.

［173］刘国斌，宋瑾泽．中国区域经济高质量发展研究［J]. 区域经济评论，2019（2）：55－60.

［174］诸大建．中国循环经济与可持续发展［M]. 北京：科学出版社，2007.

［175］吴季松．新循环经济学［M]. 北京：清华大学出版社，2005.

［176］李慧明，王军锋，左晓利，等．内外均衡，一体循环——循环经济的经济学思考［M]. 天津：天津人民出版社，2007.

［177］姜亚俊．山东省经济高质量发展空间差异及其调控研究［D]. 山东师范大学，2021.

后 记

2020年，我申请到山东省社会科学规划研究重点项目（编号：20BJJJ06）“循环经济视角下山东半岛城市群绿色创新系统研究”。在该课题支持下，完成本书主要内容。

在课题申请和研究过程中，曾得到山东师范大学宁静波教授、王成新教授、田红副教授、殷冠文副教授、刘凯副教授、朱承熙讲师以及山东交通学院尹艳伟讲师的支持和帮助，在此表示衷心的感谢！

在课题申请和研究过程中，曾得到我的硕士和博士研究生刘婕、姜亚俊、王中卿和李红飞的帮助，在此表示衷心的感谢！

衷心感谢山东省社会科学规划管理办公室以及山东师范大学社会科学处和经济学院领导的帮助和支持！

2020年9月，我国宣布，二氧化碳排放力争于2030年前达到峰值，努力争取2060年前实现碳中和。2021年2月2日，国务院发布《关于加快建立健全绿色低碳循环发展经济体系的指导意见》，提出“构建市场导向的绿色技术创新体系”。将低碳创新融入绿色创新，研究我国城市群绿色创新的“春天”已经到来，但愿本书能起到抛砖引玉的作用。

由于本人水平有限，研究成果难免存在不妥之处，恳请各位专家批评指正！

慈福义

2021 年 9 月于泉城